Quandt'sche Gebührentabellen

für

Rechtsanwälte und Notare
Gerichtsvollzieher und Rechtsbeistände
Ordentliche Gerichte und Arbeitsgerichte
Gerichte der Verwaltungs-, Sozial- und Finanzgerichtsbarkeit
Freiw. Gerichtsbarkeit und Strafsachen
Beratungshilfe und Prozeßkostenhilfe

begründet von
GOTTFRIED QUANDT

29., überarbeitete Auflage

von

GÜNTHER KEUNE
INGRID WAGNER
Rechtspfleger

1987
Walter de Gruyter · Berlin · New York

CIP-Kurztitelaufnahme der Deutschen Bibliothek

Keune, Günther; Wagner, Ingrid:
Quandt'sche Gebührentabellen : für Rechtsanwälte u. Notare, Gerichtsvollzieher und Rechtsbeistände, Ordentl. Gerichte u. Arbeitsgerichte, Gerichte d. Verwaltungs-, Sozial- u. Finanzgerichtsbarkeit, Freiw. Gerichtsbarkeit u. Strafsachen, Beratungs- u. Prozeßkostenhilfe. – 29., überarb. Aufl. / von Günther Keune u. Ingrid Wagner. – Berlin ; New York : de Gruyter, 1987
ISBN 3-11-011285-X
NE: Quandt, Gottfried [Begr.]; HST

Printed in Germany
Satz und Druck: Saladruck, 1000 Berlin 36
Bindearbeiten: Lüderitz & Bauer Buchgewerbe GmbH, 1000 Berlin 61

Vorwort zur 29. Auflage

Durch das Gesetz zur Änderung von Kostengesetzen vom 9. 12. 1986 (Bundesgesetzblatt Teil I Seite 2326) wurden die Bestimmungen des Gerichtskostengesetzes, der Kostenordnung, der Bundesgebührenordnung für Rechtsanwälte, das Gesetz über die Entschädigung von Zeugen und Sachverständigen, das Gesetz über die Entschädigung der ehrenamtlichen Richter, die Justizverwaltungskostenordnung und Vorschriften der Prozeßkostenhilfe geändert.

Zwischen der Verkündung des Gesetzes (9. 12. 1986) und dem Inkrafttreten der Änderungen lag ein so kurzer Zeitraum, durch den es unmöglich wurde, die bewährte Quandt'sche Gebührentabelle rechtzeitig zum Inkrafttreten der neuen Vorschriften (1. 1. 1987) auf den Markt zu bringen.

Neben den üblichen bekannten Tabellen, die auch bis zu hohen Werten eine schnelle Berechnung der Gebühren ermöglichen, wurden die Gebührentatbestände kurz und treffend erläutert und (neu) der Umschlag so gestaltet, daß er auf einen Blick ohne blättern die vollen Gebühren aller Kostenarten in den niedrigeren Wertstufen ausweist.

Ansonsten wurde an der seit Jahrzehnten bewährten Ausstattung der Tabellen wenig geändert.

Friedrichsdorf, Dezember 1986 Die Verfasser

Inhaltsverzeichnis

Seite

Vorwort ... 3

Rechtsanwaltsgebühren für Zivilprozeß u. a.

Tabelle Rechtsanwaltsgebühren in Zivilsachen ... 7
Tabelle Rechtsanwaltsgebühren bei Prozeßkostenhilfe ... 10
Tabelle Rechtsanwaltsgebühren für Zwangsvollstreckung ... 11
Die wesentlichen Gebühren ... 12
A. vor den ordentlichen Gerichten und in der Zwangsvollstreckung ... 12
B. vor den Arbeitsgerichten ... 12
C. in Hausratssachen etc. ... 12
D. in Vertragshilfeverfahren etc. ... 12
E. in der Zwangsversteigerung und Zwangsverwaltung ... 12
F. im Konkurs- und im Vergleichsverfahren ... 13
G. im Verfahren vor dem Gerichtshof der Europ. Gemeinschaften ... 13
H. vor den Gerichten der Verwaltungs- und Finanzgerichtsbarkeit ... 13
J. vor den Gerichten der Sozialgerichtsbarkeit ... 13
K. in sonstigen Angelegenheiten § 118 BRAGO ... 13
L. allgemeine Bestimmungen, Auslagen ... 13
M. Scheidungs- und Scheidungsfolgesachen ... 14
Übergangsvorschrift ... 14

Rechtsanwaltsgebühren in Strafsachen

A. als Wahlverteidiger ... 15, 16
B. als amtlich bestellter Verteidiger ... 17
C. im Bußgeldverfahren, Auslieferungssachen, Disziplinarverfahren, Wehrbeschwerdeverfahren und im gerichtlichen Verfahren bei Freiheitsentziehung ... 18, 19

Rechtsanwaltsgebühren bei Beratungshilfe ... 19

Kosten in Angelegenheiten der freiwilligen Gerichtsbarkeit

Tabelle für Gerichte und Notare (KostO) ... 20
Berechnungsvorschlag für Werte über 10 000 000 DM ... 28
Ergänzende Bemerkungen zur Tabelle ... 29
Tabelle für Geschäftswerte in Handelsregistersachen ... 32
Alphabetisches Verzeichnis für Notariatsgebühren usw. ... 37
Reisekosten – für Rechtsanwälte und Notare ... 40

Hebegebühr – Tabelle – ... 41

Gerichtskosten – GKG – 50
Tabelle in DM nach Anl. 1 KVZ 50
Tabelle nach Anl. 2 und Übergangsvorschriften 51
Gebühren in Straf- und Privatklagesachen und im gerichtlichen Verfahren nach dem Gesetz über Ordnungswidrigkeiten 55

Einige wichtige Bestimmungen

Zuständigkeiten 56
Wertbestimmungen 56

Gebühren der Arbeitsgerichte

Tabelle für Gerichtskosten im Verfahren 1. Instanz (Arbeitsgericht) 57
Tabelle für Gerichtskosten im Verfahren vor Landes- und Bundesarbeitsgericht 60

Gerichtsvollziehergebühren – Tabelle – 63

Festgebühren und Gebührensätze 65

Rechtsanwaltsgebühren

nach § 11 der Bundesgebührenordnung für Rechtsanwälte
i. d. Fass. der Änderung vom 9. 12. 1986 – BGBl. I S. 2326 –

Gültig ab 1. Januar 1987

Streitwert bis einschl.	Erste Instanz			Berufungs- u. Revisionsinstanz			z.B. § 118 BRAGO
	10/10	5/10	3/10	13/10	13/20	3/10 von 13/10	7,5/10
DM	DM	DM	DM	DM	DM	DM	DM
300	40	20,—	15,—	52,—	26,—	15,60	30,—
600	55	27,50	16,50	71,50	35,80	21,50	41,30
900	70	35,—	21,—	91,—	45,50	27,30	52,50
1 200	85	42,50	25,50	110,50	55,30	33,20	63,80
1 500	100	50,—	30,—	130,—	65,—	39,—	75,—
1 800	115	57,50	34,50	149,50	74,80	44,90	86,30
2 100	130	65,—	39,—	169,—	84,50	50,70	97,50
2 400	145	72,50	43,50	188,50	94,30	56,60	108,80
2 700	160	80,—	48,—	208,—	104,—	62,40	120,—
3 000	175	87,50	52,50	227,50	113,80	68,30	131,30
3 500	201	100,50	60,30	261,30	130,70	78,40	150,80
4 000	227	113,50	68,10	295,10	147,60	88,60	170,30
4 500	253	126,50	75,90	328,90	164,50	98,70	189,80
5 000	279	139,50	83,70	362,70	181,40	108,90	209,30
5 500	305	152,50	91,50	396,50	198,30	119,—	228,80
6 000	331	165,50	99,30	430,30	215,20	129,10	248,30
6 500	357	178,50	107,10	464,10	232,10	139,30	267,80
7 000	383	191,50	114,90	497,90	249,—	149,40	287,30
7 500	409	204,50	122,70	531,70	265,90	159,60	306,80
8 000	435	217,50	130,50	565,50	282,80	169,70	326,30
8 500	461	230,50	138,30	599,30	299,70	179,80	345,80
9 000	487	243,50	146,10	633,10	316,60	190,—	365,30
9 500	513	256,50	153,90	666,90	333,50	200,10	384,80
10 000	539	269,50	161,70	700,70	350,40	210,30	404,30
11 000	570	285,—	171,—	741,—	370,50	222,30	427,50
12 000	601	300,50	180,30	781,30	390,70	234,40	450,80
13 000	632	316,—	189,60	821,60	410,80	246,50	474,—
14 000	663	331,50	198,90	861,90	431,—	258,60	497,30
15 000	694	347,—	208,20	902,20	451,10	270,70	520,50

Rechtsanwaltsgebühren

Streitwert bis einschl. DM	Erste Instanz $^{10}/_{10}$ DM	$^{5}/_{10}$ DM	$^{3}/_{10}$ DM	Berufungs- u. Revisionsinstanz $^{13}/_{10}$ DM	$^{13}/_{20}$ DM	$^{3}/_{10}$ von $^{13}/_{10}$ DM	z.B. § 118 BRAGO $^{7,5}/_{10}$ DM
16 000	725	362,50	217,50	942,50	471,30	282,80	543,80
17 000	756	378,—	226,80	982,80	491,40	294,90	567,—
18 000	787	393,50	236,10	1 023,10	511,60	307,—	590,30
19 000	818	409,—	245,40	1 063,40	531,70	319,10	613,50
20 000	849	424,50	254,70	1 103,70	551,90	331,20	636,80
25 000	914	457,—	274,20	1 188,20	594,10	356,50	685,50
30 000	979	489,50	293,70	1 272,70	636,40	381,90	734,30
35 000	1 044	522,—	313,20	1 357,20	678,60	407,20	783,—
40 000	1 109	554,50	332,70	1 441,70	720,90	432,60	831,80
45 000	1 174	587,—	352,20	1 526,20	763,10	457,90	880,50
50 000	1 239	619,50	371,70	1 610,70	805,40	483,30	929,30
55 000	1 304	652,—	391,20	1 695,20	847,60	508,60	978,—
60 000	1 369	684,50	410,70	1 779,70	889,90	534,—	1 026,80
65 000	1 434	717,—	430,20	1 864,20	932,10	559,30	1 075,50
70 000	1 499	749,50	449,70	1 948,70	974,40	584,70	1 124,30
75 000	1 564	782,—	469,20	2 033,20	1 016,60	610,—	1 173,—
80 000	1 629	814,50	488,70	2 117,70	1 058,90	635,40	1 221,80
85 000	1 694	847,—	508,20	2 202,20	1 101,10	660,70	1 270,50
90 000	1 759	879,50	527,70	2 286,70	1 143,40	686,10	1 319,30
95 000	1 824	912,—	547,20	2 371,20	1 185,60	711,40	1 368,—
100 000	1 889	944,50	566,70	2 455,70	1 227,90	736,80	1 416,80
115 000	1 964	982,—	589,20	2 553,20	1 276,60	766,—	1 473,—
130 000	2 039	1 019,50	611,70	2 650,70	1 325,40	795,30	1 529,30
145 000	2 114	1 057,—	634,20	2 748,20	1 374,10	824,50	1 585,50
160 000	2 189	1 094,50	656,70	2 845,70	1 422,90	853,80	1 641,80
175 000	2 264	1 132,—	679,20	2 943,20	1 471,60	883,—	1 698,—
190 000	2 339	1 169,50	701,70	3 040,70	1 520,40	912,30	1 754,30
205 000	2 414	1 207,—	724,20	3 138,20	1 569,10	941,50	1 810,50
220 000	2 489	1 244,50	746,70	3 235,70	1 617,90	970,80	1 866,80
235 000	2 564	1 282,—	769,20	3 333,20	1 666,60	1 000,—	1 923,—
250 000	2 639	1 319,50	791,70	3 430,70	1 715,40	1 029,30	1 979,30
265 000	2 714	1 357,—	814,20	3 528,20	1 764,10	1 058,50	2 035,50
280 000	2 789	1 394,50	836,70	3 625,70	1 812,90	1 087,80	2 091,80
295 000	2 864	1 432,—	859,20	3 723,20	1 861,60	1 117,—	2 148,—
310 000	2 939	1 469,50	881,70	3 820,70	1 910,40	1 146,30	2 204,30

Rechtsanwaltsgebühren

Streitwert bis einschl. DM	Erste Instanz 10/10 DM	5/10 DM	3/10 DM	Berufungs- u. Revisionsinstanz 13/10 DM	13/20 DM	3/10 von 13/10 DM	z.B. § 118 BRAGO 7,5/10 DM
325 000	3 014	1 507,—	904,20	3 918,20	1 959,10	1 175,50	2 260,50
340 000	3 089	1 544,50	926,70	4 015,70	2 007,90	1 204,80	2 316,80
355 000	3 164	1 582,—	949,20	4 113,20	2 056,60	1 234,—	2 373,—
370 000	3 239	1 619,50	971,70	4 210,70	2 105,40	1 263,30	2 429,30
385 000	3 314	1 657,—	994,20	4 308,20	2 154,10	1 292,50	2 485,50
400 000	3 389	1 694,50	1 016,70	4 405,70	2 202,90	1 321,80	2 541,80
430 000	3 509	1 754,50	1 052,70	4 561,70	2 280,90	1 368,60	2 631,80
460 000	3 629	1 814,50	1 088,70	4 717,70	2 358,90	1 415,40	2 721,80
490 000	3 749	1 874,50	1 124,70	4 873,70	2 436,90	1 462,20	2 811,80
520 000	3 869	1 934,50	1 160,70	5 029,70	2 514,90	1 509,—	2 901,80
550 000	3 989	1 994,50	1 196,70	5 185,70	2 592,90	1 555,80	2 991,80
580 000	4 109	2 054,50	1 232,70	5 341,70	2 670,90	1 602,60	3 081,80
610 000	4 229	2 114,50	1 268,70	5 497,70	2 748,90	1 649,40	3 171,80
640 000	4 349	2 174,50	1 304,70	5 653,70	2 826,90	1 696,20	3 261,80
670 000	4,469	2 234,50	1 340,70	5 809,70	2 904,90	1 743,—	3 351,80
700 000	4 589	2 294,50	1 376,70	5 965,70	2 982,90	1 789,80	3 441,80
730 000	4 709	2 354,50	1 412,70	6 121,70	3 060,90	1 836,60	3 531,80
760 000	4 829	2 414,50	1 448,70	6 277,70	3 138,90	1 883,40	3 621,80
790 000	4 949	2 474,50	1 484,70	6 433,70	3 216,90	1 930,20	3 711,80
820 000	5 069	2 534,50	1 520,70	6 589,70	3 294,90	1 977,—	3 801,80
850 000	5 189	2 594,50	1 556,70	6 745,70	3 372,90	2 023,80	3 891,80
880 000	5 309	2 654,50	1 592,70	6 901,70	3 450,90	2 070,60	3 981,80
910 000	5 429	2 714,50	1 628,70	7 057,70	3 528,90	2 117,40	4 071,80
940 000	5 549	2 774,50	1 664,70	7 213,70	3 606,90	2 164,20	4 161,80
970 000	5 669	2 834,50	1 700,70	7 369,70	3 684,90	2 211,—	4 251,80
1 000 000	5 789	2 894,50	1 736,70	7 525,70	3 762,90	2 257,80	4 341,80
für je	die Erhöhung bei Werten über eine Million						
50 000	150	75,—	45,—	195,—	97,50	58,50	112,50

Gebühren des Rechtsanwaltes bei Bewilligung der Prozeßkostenhilfe (§§ 114–127 ZPO)

nach § 123 BRAGO i. d. F. des Ges. vom 9. 12. 1986 – BGBl. I S. 2326

Gültig ab 1. Januar 1987

Streitwert	Erste Instanz			Berufungs- u. Revisionsinstanz			z.B. § 118
bis einschl.	10/10	5/10	3/10	13/10	13/20	3/10 von 13/10	BRAGO 7,5/10
DM	DM	DM	DM	DM	DM	DM	DM
300	40	20,—	15,—	52,—	26,—	15,60	30,—
600	55	27,50	16,50	71,50	35,80	21,50	41,30
900	70	35,—	21,—	91,—	45,50	27,30	52,50
1 200	85	42,50	25,50	110,50	55,30	33,20	63,80
1 500	100	50,—	30,—	130,—	65,—	39,—	75,—
1 800	115	57,50	34,50	149,50	74,80	44,90	86,30
2 100	130	65,—	39,—	169,—	84,50	50,70	97,50
2 400	145	72,50	43,50	188,50	94,30	56,60	108,80
2 700	160	80,—	48,—	208,—	104,—	62,40	120,—
3 000	175	87,50	52,50	227,50	113,80	68,30	131,30
3 500	201	100,50	60,30	261,30	130,70	78,40	150,80
4 000	227	113,50	68,10	295,10	147,60	88,60	170,30
4 500	253	126,50	75,90	328,90	164,50	98,70	189,80
5 000	279	139,50	83,70	362,70	181,40	108,90	209,30
5 500	295	147,50	88,50	383,50	191,80	115,10	221,30
6 000	310	155,—	93,—	403,—	201,50	120,90	232,50
6 500	320	160,—	96,—	416,—	208,—	124,80	240,—
7 000	330	165,—	99,—	429,—	214,50	128,70	247,50
7 500	340	170,—	102,—	442,—	221,—	132,60	255,—
8 000	350	175,—	105,—	455,—	227,50	136,50	262,50
8 500	360	180,—	108,—	468,—	234,—	140,40	270,—
9 000	370	185,—	111,—	481,—	240,50	144,30	277,50
9 500	380	190,—	114,—	494,—	247,—	148,20	285,—
10 000	390	195,—	117,—	507,—	253,50	152,10	292,50
11 000	400	200,—	120,—	520,—	260,—	156,—	300,—
12 000	410	205,—	123,—	533,—	266,50	159,90	307,50
13 000	420	210,—	126,—	546,—	273,—	163,80	315,—
14 000	430	215,—	129,—	559,—	279,50	167,70	322,50
15 000	440	220,—	132,—	572,—	286,—	171,60	330,—
16 000	450	225,—	135,—	585,—	292,50	175,50	337,50
17 000	460	230,—	138,—	598,—	299,—	179,40	345,—
18 000	470	235,—	141,—	611,—	305,50	183,30	352,50
19 000	480	240,—	144,—	624,—	312,—	187,20	360,—
20 000	490	245,—	147,—	637,—	318,50	191,10	367,50
25 000	500	250,—	150,—	650,—	325,—	195,—	375,—
30 000	510	255,—	153,—	663,—	331,50	198,90	382,50
35 000	520	260,—	156,—	676,—	338,—	202,80	390,—
40 000	530	265,—	159,—	689,—	344,50	206,70	397,50
45 000	540	270,—	162,—	702,—	351,—	210,60	405,—
50 000	550	275,—	165,—	715,—	357,50	214,50	412,50
mehr als 50 000	560	280,—	168,—	728,—	364,—	218,40	420,—

Rechtsanwaltsgebühren 3/10 (z. B. für die Zwangsvollstreckung) incl. Auslagenpauschale und 14 % MWSt.

Streitwert bis einschl. DM	3/10 + Auslagen + 14 % MWSt.	Streitwert bis einschl. DM	3/10 + Auslagen + 14 % MWSt.	Streitwert bis einschl. DM	3/10 + Auslagen + 14 % MWSt.
300	19,72	50 000	469,34	670 000	1 574,—
600	21,67	55 000	491,57	700 000	1 615,04
900	27,59	60 000	513,80	730 000	1 656,08
1 200	33,52	65 000	536,03	760 000	1 697,12
1 500	39,33	70 000	558,26	790 000	1 738,16
1 800	45,27	75 000	580,49	820 000	1 779,20
2 100	51,19	80 000	602,72	850 000	1 820,24
2 400	57,12	85 000	624,95	880 000	1 861,28
2 700	62,93	90 000	647,18	910 000	1 902,32
3 000	68,86	95 000	669,41	940 000	1 943,36
3 500	79,12	100 000	691,64	970 000	1 984,40
4 000	89,38	115 000	717,29	1 000 000	2 025,44
4 500	99,53	130 000	742,94		
5 000	109,79	145 000	768,59	für PKH	
5 500	120,05	160 000	794,24	5 500	116,06
6 000	130,19	175 000	819,89	6 000	121,98
6 500	140,45	190 000	845,54	6 500	125,86
7 000	150,71	205 000	871,19	7 000	129,85
7 500	160,86	220 000	896,84	7 500	133,72
8 000	171,12	235 000	922,49	8 000	137,71
8 500	181,38	250 000	948,14	8 500	141,59
9 000	191,64	265 000	973,79	9 000	145,58
9 500	201,79	280 000	999,44	9 500	149,45
10 000	212,05	295 000	1 025,09	10 000	153,44
11 000	224,24	310 000	1 050,74	11 000	157,32
12 000	236,44	325 000	1 076,39	12 000	161,31
13 000	248,63	340 000	1 102,04	13 000	165,19
14 000	260,84	355 000	1 127,69	14 000	169,18
15 000	273,03	370 000	1 153,34	15 000	173,05
16 000	285,23	385 000	1 178,99	16 000	177,04
17 000	297,43	400 000	1 204,64	17 000	180,92
18 000	309,63	430 000	1 245,68	18 000	184,91
19 000	321,82	460 000	1 286,72	19 000	188,78
20 000	333,91	490 000	1 327,76	20 000	192,77
25 000	358,19	520 000	1 368,80	25 000	196,65
30 000	380,42	550 000	1 409,84	30 000	200,64
35 000	402,65	580 000	1 450,88	35 000	204,52
40 000	424,88	610 000	1 491,92	40 000	208,51
45 000	447,11	640 000	1 532,96	45 000	212,38
				50 000	216,37
			mehr als	50 000	220,25

Rechtsanwaltsgebühren BRAGO

A. Vor den ordentlichen Gerichten und in der Zwangsvollstreckung

10/10 Prozeßgebühr; Verhandlungsgebühr (streitig); Beweisgebühr; Erörterungsgebühr – § 31/1 Ziff. 1–4
– Erörterungsgebühren und Verhandlungsgebühren, die denselben Gegenstand betreffen und in demselben Rechtszug entstehen, werden aufeinander angerechnet –
Gutachten über die Aussichten einer Berufung oder einer Revision § 21 a; Vergleichsgebühr § 23; Erledigungsgebühr § 24; Vergleichsgebühr bei Aussöhnung von Eheleuten § 36/2; Antrag auf Mahnbescheid § 43/1; Entmündigungsverfahren § 44; Antrag auf Vollstreckbarkeitserklärung eines Schiedsspruchs oder Vergleichs § 46/1 (Gebühren des § 31); Antrag auf Vollstreckbarkeitserklärung von Entscheidungen ausländischer Gerichte § 47, auch wenn durch Beschluß entschieden wird (Gebühren des § 31); Korrespondenzgebühr (§ 52);

5/10 Prozeßgebühr bei Erledigung des Auftrags ohne Einreichung eines Schriftsatzes oder Wahrnehmung eines Termins § 32; nicht streitige Verhandlung § 33/1; Anträge zur Prozeß- oder Sachleitung § 33/2; Übertragung der mündlichen Verhandlung an einen anderen RA. § 33/3; Einigung der Parteien bei Anordnungen in Ehesachen § 41/3; Antrag auf Vollstreckungsbescheid § 43/3; Vereinfachtes Verfahren zur Abänderung von Unterhaltstiteln § 43 a; Verfahren über den Regelunterhalt nichtehelicher Kinder § 43 b; Aufgebotsverfahren § 45; Sicherung des Beweises § 48; Antrag auf Bewilligung oder Verlängerung einer Räumungsfrist § 50; Armenrechtsverfahren § 51; Prozeßgebühr nach § 53; Beweisgebühr im Falle des § 54; Beschränkung der Tätigkeit auf Einreichung von Schriftsätzen und Terminswahrnehmung § 56; Vertretung im Verteilungsverfahren § 60; Beschwerde- und Erinnerungsverfahren § 61; Verfahren nach der VO über die Behandlung der Ehewohnung und des Hausrats § 63/3; Vertragshilfeverfahren (§ 64);

3/10 Übertragung der mündlichen Verhandlung § 33/3; Widerspruch gegen Mahnbescheid § 43/2; Anträge auf Abänderung einer Entscheidung des beauftragten oder ersuchten Richters, Rpfl. oder Urk. B. § 55; Erledigung vor Einreichung eines Schriftsatzes § 56/2; Zwangsvollstreckungsverfahren § 57; Verfahren nach § 35/1 a und § 36 des Ges. über das gerichtl. Verfahren in Landwirtschaftssachen § 63/4.

B. Vor den Arbeitsgerichten § 62
Die unter A aufgeführten Gebühren gelten sinngemäß.

13/10 im zweiten und dritten Rechtszug des Beschlußverfahrens;
5/10 gerichtliche Entscheidung über die Bestimmung einer Frist (§ 102/3 AGG)
Ablehnung eines Schiedsrichters (§ 103/3 AGG);
Beweisaufnahme oder Vereidigung (§ 106/2 AGG).

C. In Hausratssachen, Wohnungseigentumssachen, Landwirtschaftssachen § 63.
Die unter A aufgeführten Gebühren gelten sinngemäß.

D. Im Vertragshilfeverfahren, Güteverfahren, Schiedsrichterlichen Verfahren §§ 64, 65, 67

E. In der Zwangsversteigerung und Zwangsverwaltung §§ 68 bis 71
2/10 Vertretung eines Bieters § 68/2;
3/10 Verfahren bis zur Einleitung des Verteilungsverfahrens § 68/1 Ziff. 1; Verteilungsverfahren § 68/1 Ziff. 3;
Vertretung des Antragstellers im Zwangsverwaltungsverfahren über Anordnung oder Beitritt § 69/1 Ziff. 1;
weitere Vertretung im Zwangsverwaltungsverfahren § 69/1 Ziff. 2 – Mindestbetrag 60 DM –;
4/10 Wahrnehmung des Versteigerungstermins § 68/1 Ziff. 2;
5/10 Vertretung im Rechtsmittelverfahren in Zwangsversteigerungs- und Zwangsverwaltungsverfahren § 70.

Rechtsanwaltsgebühren BRAGO

F. Im Konkursverfahren und im Vergleichsverfahren zur Abwendung des Konkurses §§ 72–81

3/10 im Verfahren über den Antrag auf Konkurseröffnung § 72;
– 5/10 wenn der RA einen Gläubiger vertritt –
3/10 Anmeldung einer Konkursforderung § 75;
3/10 im Verfahren über den Antrag auf Eröffnung des Vergleichsverfahrens § 79;
– 5/10 wenn der RA einen Gläubiger vertritt –

5/10 Vertretung im Konkursverfahren § 73;
Vertretung im Vergleichsverfahren, wenn die Tätigkeit vor dem Vergleichstermin beendet ist § 80/1;
Außerdem für die Tätigkeit im Konkursverfahren und im Vergleichsverfahren
1. im Beschwerdeverfahren § 71/1 Ziff. 1; § 80/2 Ziff. 1;
2. im Verfahren über Anträge auf Anordnung von Sicherheitsmaßregeln § 76/1 Ziff. 2; § 80/2 Ziff. 2

10/10 für die Tätigkeit im Zwangsvergleichsverfahren § 74;
für die Vertretung im Vergleichsverfahren § 80/1.

Maßgebend bei Schuldnervertretung der Betrag der Aktivmasse, bei Gläubigervertretung der Nennwert der Forderung.

G. Im Verfahren vor dem Gerichtshof der Europäischen Gemeinschaften § 113 a

Die unter A aufgeführten Gebühren gelten sinngemäß.
Die Gebühren richten sich nach § 11 Abs. 1 Satz 4 = 13/10.

H. Im Verfahren vor Gerichten der Verwaltungs- und Finanzgerichtsbarkeit § 114

Die unter A aufgeführten Gebühren gelten sinngemäß.
13/10 in erstinstanzlichen Verfahren vor dem Bundesverwaltungsgericht, dem Bundesfinanzhof und vor dem Oberverwaltungsgericht (Verwaltungsgerichtshof);

10/10 vor dem Finanzgericht;

½ im Verfahren über die Beschwerde gegen die Nichtzulassung der Berufung oder von 13/10 der Revision.

I. Im Verfahren vor Gerichten der Sozialgerichtsbarkeit § 116

50– 590 DM vor dem Sozialgericht;
70– 850 DM vor dem Landessozialgericht;
130–1410 DM vor dem Bundessozialgericht.
Keine Vergleichsgebühr, keine Erledigungsgebühr nach §§ 23, 24.

Im Verfahren
1. auf Grund der Beziehungen zwischen Ärzten, Zahnärzten und Krankenkassen (Kassenarztrecht) sowie öffentlich-rechtlicher Versicherungsträger untereinander,
2. aufgrund öffentlich-rechtlicher Streitigkeiten zwischen Arbeitgebern und der Bundesanstalt für Arbeit oder einer Berufsgenossenschaft

werden die Gebühren nach dem Gegenstandswert berechnet.
Die unter A aufgeführten Gebühren gelten sinngemäß.

K. Gebühren in sonstigen Angelegenheiten § 118

5/10–10/10 Geschäftsgebühr § 118/1 Ziff. 1;
Besprechungsgebühr § 118/1 Ziff. 2;
Beweisaufnahmegebühr § 118/1 Ziff. 3.

L. Allgemeine Bestimmungen, Auslagen

Mindestbetrag einer Gebühr = 15 DM § 11/2. – Pfennigbeträge werden auf volle 10 Pfennige aufgerundet § 11/2.
Postgebühren (Porto- und Fernsprechgebühren – auch Ortsgespräche –) sind zu erstatten.

Rechtsanwaltsgebühren BRAGO

Der RA kann nach seiner Wahl anstelle der tatsächlich entstandenen Kosten einen Pauschsatz fordern, der fünfzehn vom Hundert der gesetzlichen Gebühren, in derselben Angelegenheit und in gerichtlichen Verfahren in demselben Rechtszug jedoch höchstens 40 DM beträgt (in Strafsachen und Bußgeldsachen 30 DM), §§ 25, 26.

Die Höhe der Schreibauslagen bemißt sich nach dem für die gerichtlichen Schreibauslagen im Gerichtskostengesetz bestimmten Betrag § 27/2.

Bei Zurückweisung an die Vorinstanz (§§ 538, 565, 566 ZPO) gilt das Verfahren bei dieser für die Gebühren des RA als neue Instanz. Die Prozeßgebühr erhält der RA jedoch nur, wenn die Sache an ein Gericht zurückverwiesen wird, das mit der Sache noch nicht befaßt war § 15.

In den Fällen des § 629 b ZPO bildet das weitere Verfahren vor dem Familiengericht mit dem früheren einen Rechtsweg. § 15/2.

Die gesetzliche Vergütung, die dem RA zusteht (also jetzt in allen Angelegenheiten, nicht nur in bürgerlichen Rechtsstreitigkeiten) wird auf Antrag des RA oder des Zahlungspflichtigen vom UrkB festgesetzt § 19. Der Antrag ist erst nach Eintritt der Fälligkeit der Vergütung zulässig § 19/2.

Gebührenvereinbarungen müssen von der Partei schriftlich bestätigt werden; das Gebührenversprechen darf nicht mit der Vollmacht oder einer sonstigen Urkunde verbunden werden § 3.

Der Mehrwertsteuer unterliegen neben den Gebühren des RA auch die Schreibauslagen, die Reisekosten und Postgebühren, nicht Gelder, die der RA für eine Partei vorlegt, z. B. Gerichtskosten, Gerichtsvollziehergebühren. Der RA kann die Mehrwertsteuer seiner Partei in Rechnung stellen. Sie beträgt seit 1. 7. 1983 = 14 % (ab 1. 1. 1969 = 5,5 %, ab 1. 1. 1978 = 6 %, ab 1. 7. 1979 = 6,5 %, ab 1. 1. 1982 = 13 %).

Bei Rahmengebühren (§ 12) bestimmt der RA die Gebühr im Einzelfall unter Berücksichtigung aller Umstände (Bedeutung der Angelegenheit, Umfang und Schwierigkeit der anwaltlichen Tätigkeit, Vermögens- und Einkommensverhältnisse des Auftraggebers) nach billigem Ermessen.

M. Scheidungs- und Scheidungsfolgesachen

Eine Scheidungssache und die Folgesachen (§ 623/1, 4, § 621/1 ZPO) gelten als dieselbe Angelegenheit. § 7/3.

Betrifft die Tätigkeit eine einstweilige Anordnung der in § 620 Satz 1 Nr. 1, 2 oder 3 ZPO bezeichneten Art, so ist von einem Wert von 1000 DM auszugehen. § 8/3.

Bei Scheidungsfolgesachen erhält der RA im Verfahren über die Beschwerde nach § 621 e/1 und § 629 a/2 ZPO sowie über die weitere Beschwerde nach § 621 e/2 und § 629 a/2 ZPO die in § 31 bestimmten Gebühren. Die Gebühren richten sich nach § 11/1 Satz 2, 3, § 61 a.

Der RA, der nach § 625 ZPO dem Antragsgegner in einer Scheidungssache beigeordnet ist, kann von diesem die Vergütung eines zum Prozeßbevollmächtigten bestellten RA verlangen; er kann jedoch keinen Vorschuß fordern. Ist der Antragsgegner mit der Zahlung der Vergütung in Verzug, so kann der RA eine Vergütung gem. §§ 121 ff. verlangen. § 36 a.

N. Beratungshilfe – s. S. 19 Ziff. VII

Übergangsvorschrift: § 134 BRAGO

I. Die Vergütung ist nach bisherigem Recht zu berechnen, wenn der unbedingte Auftrag zur Erledigung derselben Angelegenheit i. S. v. § 13 BRAGO **vor** dem Inkrafttreten einer Gesetzesänderung erteilt oder der RA **vor** diesem Zeitpunkt gerichtl. bestellt oder beigeordnet worden ist. Ist ein gerichtl. Verfahren im Zeitpunkt des Inkrafttretens einer Gesetzesänderung noch anhängig, so ist die Vergütung **nach neuem Recht** nur für das Verfahren über ein Rechtsmittel zu berechnen, das **nach** diesem Zeitpunkt eingelegt worden ist.
II. Sind Gebühren nach dem zusammengerechneten Wert mehrerer Gegenstände zu bemessen, gilt für die gesamte Vergütung das **bisherige** Recht auch dann, wenn dies nach I. nur für einen der Gegenstände gelten würde.

Rechtsanwaltsgebühren in Strafsachen (§§ 83 ff.) BRAGO

A. Der RA kann im ersten Rechtszug als Wahlverteidiger in der Hauptverhandlung (auch Beistand oder Vertreters eines Privatklägers, eines Nebenklägers) beanspruchen:

		DM
I a.	**Im Verfahren I. Instanz vor**	
	1. Oberlandesgericht, Schwurgericht, Jugendkammer (unter den Voraussetzungen des § 83 I Ziff. 1)	140–2 060
	2. großer Strafkammer, Jugendkammer (soweit sich die Gebühr nicht nach Ziff. 1 bestimmt)	100–1 240
	3. Schöffengericht, Strafrichter, Jugendrichter	80–1 060
	§ 83 I BRAGO	
b.	wenn die Verhandlung mehrere Tage dauert, für jeden weiteren Tag	
	zu 1.:	140–1 030
	zu 2.:	100– 620
	zu 3.:	80– 530
	§ 83 II BRAGO	
	Wird jedoch mit dem Verfahren von neuem begonnen, so gelten für den ersten Tag der neuen Hauptverhandlung die Sätze zu I a.	
c.	Ist der RA nur im vorbereitenden Verfahren, im gerichtlich anhängigen Verfahren nur außerhalb der Hauptverhandlung oder in einem Verfahren, in dem eine Hauptverhandlung nicht stattfindet, tätig, erhält er die Hälfte der Gebühren des § 83 I BRAGO	
	§ 84 I BRAGO	

II a.	**Im Berufungsverfahren vor**	
	1. großer Strafkammer, Jugendkammer	100–1 240
	2. kleiner Strafkammer	80–1 060
	§ 85 I BRAGO	
b.	wenn die Verhandlung mehrere Tage dauert, für jeden weiteren Tag	
	zu 1.:	100– 620
	zu 2.:	80– 530
	§ 85 II BRAGO	
	Wird jedoch mit dem Verfahren von neuem begonnen, so gelten für den ersten Tag der neuen Hauptverhandlung die Sätze zu II a.	

III a.	**Im Revisionsverfahren vor**	
	1. Bundesgerichtshof	140–2 060
	2. Oberlandesgericht	100–1 240
	3. wenn im ersten Rechtszug der Strafrichter, ausgenommen als Jugendrichter, entschieden hat	80–1 060
	§ 86 I BRAGO	
b.	wenn die Verhandlung mehrere Tage dauert, für jeden weiteren Tag	
	zu 1.:	140–1 030
	zu 2.:	100– 620
	zu 3.:	80– 530
	§ 86 II BRAGO	
	Wird jedoch mit dem Verfahren von neuem begonnen, so gelten für den ersten Tag der neuen Hauptverhandlung die Sätze zu III a.	

Rechtsanwaltsgebühren in Strafsachen (§§ 83 ff.) BRAGO

Übt der RA eine Tätigkeit aus, die sich
a. auf Einziehung oder Verfall, Vernichtung, Unbrauchbarmachung, Abführung oder Beschlagnahme,
b. Fahrverbot, Entziehung der Fahrerlaubnis
erstreckt, so ist § 88 BRAGO zu beachten.

	DM
Raterteilung ohne Vertretung im Verfahren (bei Vertretung anzurechnen) § 20 I BRAGO	25–335

Der RA erhält:

– in den Fällen der §§ 85, 86 BRAGO die Hälfte der Sätze, wenn er nur außerhalb des Berufungs- oder Revisionsverfahrens tätig war oder eine Hauptverhandlung vor dem Berufungs- oder Revisionsgericht nicht stattfindet (§§ 85 III, 86 III BRAGO)	
– für die Anfertigung oder Unterzeichnung eines Antrags auf Wiederaufnahme des Verfahrens und für die Vertretung in diesem Verfahren die Sätze des § 84 BRAGO. Der Gebührenrahmen bestimmt sich nach der Ordnung des Gerichts, das im ersten Rechtszug entschieden hat § 90 BRAGO	
– für die Einlegung eines Rechtsmittels, Anträge, Gesuche (§ 91 Ziff. 1)	20–280
– Berufungsbegründung oder Beantwortung (§ 91 Ziff. 2)	40–520
– Revisionsbegründung oder Beantwortung (§ 91 Ziff. 3)	60–820
– Gnadengesuch – neben den Gebühren für die Verteidigung, nicht für den Pflichtverteidiger	30–410
Im Privatklageverfahren erhält der RA die gleichen Sätze wie bei der Verteidigung, also nach §§ 83–93, 94 I BRAGO.	
Keine Erhöhung durch die Widerklage § 94 II BRAGO.	
Er erhält für:	
– die Mitwirkung beim Abschluß eines Vergleichs (§ 94 III)	20–210
– die Anfertigung der Privatklage (ohne Vertretung) § 94 IV	40–520
– die Tätigkeit in einem Sühneversuch nach § 380 StPO	20–210
– und für die Mitwirkung bei einer Einigung in diesem Verfahren eine weitere Gebühr § 94 V BRAGO	20–210

Für die Tätigkeit als Beistand oder Vertreter eines Nebenklägers erhält der RA die Sätze der §§ 83–93, 95 BRAGO.

Gebührenvereinbarungen in Strafsachen wie bei bürgerlichen Rechtsstreitigkeiten § 3 BRAGO. Die Herabsetzung einer unangemessen hohen vereinbarten oder Rahmengebühr ist möglich § 3 III BRAGO.

B. Gebühren des amtlich bestellten Verteidigers

Der amtlich bestellte Verteidiger (und der dem Privatkläger oder Nebenkläger beigeordnete RA § 102) erhält anstelle der gesetzlichen Gebühren aus der Staatskasse **das Vierfache** der Mindestsätze der Rahmengebühr des Wahlverteidigers (§ 97), jedoch nicht mehr als die Hälfte des Höchstbetrages.

Für die Tätigkeit als Verteidiger vor Eröffnung des Hauptverfahrens erhält die RA die Vergütung unabhängig vom Zeitpunkt seiner Bestellung (§ 97/3).

Der RA erhält Ersatz der Auslagen aus der Staatskasse (§§ 97/2, 126/1 Satz 1, Abs. 2). Die Feststellung nach § 126 Abs. 2 kann auch für andere Auslagen als Reisekosten getroffen werden.

Bei besonders umfangreichen oder schwierigen Strafsachen können erhöhte Pauschalvergütungen bewilligt werden (§ 99).

Die Festsetzung der Gebühren und Auslagen erfolgt auf Antrag durch den UrkB der Geschäftsstelle des Gerichts der 1. Instanz.

Für die entstandenen Gebühren und die entstandenen und voraussichtlich entstehenden Auslagen kann der RA aus der Bundes- oder Landeskasse angemessenen Vorschuß fordern (§§ 97/4, 127).

Der bestellte Verteidiger kann von dem Beschuldigten die Zahlung der Gebühren des Wahlverteidigers verlangen, sobald das Gericht auf Antrag des RA feststellt, daß der Beschuldigte ohne Beeinträchtigung des für ihn und seine Familie notwendigen Unterhalts zur Zahlung in der Lage ist. Vorschuß kann der RA vom Beschuldigten nicht fordern (§ 100).

Wegen der Anrechnung der vom Beschuldigten erhaltenen Zahlungen auf die von der Staatskasse zu zahlenden Gebühren ist § 101 zu beachten.

Rechtsanwaltsgebühren in Bußgeldverfahren, Auslieferungssachen u. a. (§§ 105 ff.)

C. Der RA erhält:

I. Im Bußgeldverfahren nach dem Gesetz über Ordnungswidrigkeiten vom 2. 1. 1975 – BGBl. I S. 80 – (§ 105 BRAGO)

a. im Verfahren vor der Verwaltungsbehörde	½ der Gebühr des § 83 I Nr. 3 BRAGO
b. im Verfahren vor dem Amtsgericht	die Gebühr des § 83 I Nr. 3 BRAGO

II. In Verfahren nach dem Gesetz über die innerdeutsche Rechts- u. Amtshilfe in Strafsachen für die Beistandsleistung

a. vor der Staatsanwaltschaft	½ der Gebühr des § 83 I Nr. 3 BRAGO
b. vor dem OLG oder BGH	½ der Gebühr des § 83 I Nr. 1 BRAGO

III. In Auslieferungssachen (§§ 44, 45, 53, 61, 65, 71 IRG)

a. für die Beistandsleistung	½ der Gebühr des § 83 I Nr. 1 BRAGO
b. für die Beistandsleistung in der mündl. Verh.	die Gebühr des § 83 I Nr. 1 BRAGO
c. erstreckt sich die Verhandlung über einen Kalendertag hinaus, für jeden weiteren Tag	die Gebühr des § 83 II Nr. 1 BRAGO

d. ist der RA dem Verfolgen beigeordnet, so erhält er aus der Staatskasse für jeden Verh.Tag das Vierfache der in § 106 BRAGO bestimmten Mindestbeträge, jedoch nicht mehr als die Hälfte des Höchstbetrages

Die Vorschriften der §§ 97 II, IV, 98 I, II, IV sowie §§ 99, 101 u. 103 gelten sinngemäß.

Durch die vorstehend aufgeführten Gebühren wird die gesamte Tätigkeit des RA in Auslieferungssachen – auch die Anfertigung und Unterzeichnung von Anträgen und Erklärungen – abgegolten. § 108 BRAGO.

IV. Im Disziplinarverfahren		DM
a. im förmlichen Disziplinarverfahren		
im ersten Rechtszug		100–1 240
im zweiten Rechtszug	§ 109 II BRAGO	110–1 480
im dritten Rechtszug		140–2 060
wenn die Verh. mehrere Tage dauert, für den weiteren Tag		
im ersten Rechtszug		100– 620
im zweiten Rechtszug	§ 109 III BRAGO	110– 730
im dritten Rechtszug		140–1 030
b. im Verfahren vor dem Dienstvorgesetzten einschl. Verfahren der Beschwerde, wenn der RA nicht auch Verteidiger im förmlichen Disziplinarverfahren ist § 109 IV		60– 730
c. im Verfahren auf gerichtl. Entscheidung über die Disziplinarverfügung § 109 V		40– 530
wenn die Verhandlung oder Beweiserhebung mehrere Tage dauert, für jeden weiteren Tag § 109 V		40– 530
d. im Verfahren über die Beschwerde gegen die Nichtzulassung der Revision § 109 VI		70–1 030
e. im Verfahren auf Abänderung oder Neubewilligung eines Unterhaltsbeitrages § 109 VII		40– 530
f. im Verfahren vor dem Dienstvorgesetzten und im gerichtl. Verfahren nachträglicher Aufhebung einer Disziplinarmaßnahme § 109 VIII		30– 410

V.	**Im Wehrbeschwerdeverfahren** vor den Wehrdienstgerichten im Verfahren auf gerichtliche Entscheidung nach der Wehrbeschwerdeordnung § 109 a BRAGO	
	a. vor dem Truppendienstgericht	die Gebühr des § 109 II Nr. 1
	b. vor dem Bundesverwaltungsgericht	die Gebühr des § 109 II Nr. 2
VI.	**Im gerichtlichen Verfahren bei Freiheitsentziehung** in jedem Rechtszug § 112 I BRAGO	DM 40–530
	a. für seine Tätigkeit im allgemeinen	
	b. für die Mitwirkung bei der mündlichen Anhörung der Person, der die Freiheit entzogen werden soll, und bei der mündlichen Vernehmung von Zeugen oder Sachverständigen	
	im Verfahren über die Fortdauer der Freiheitsentziehung in jedem Rechtszug § 112 II BRAGO	30–320
	a. für die Tätigkeit im allgemeinen	
	b. für die Mitwirkung bei der mündlichen Anhörung der Person, der die Freiheit entzogen werden soll, und bei der mündlichen Vernehmung von Zeugen und Sachverständigen	
	bei Beschränkung der Tätigkeit in diesen Verfahren auf Einlegung von Rechtsmitteln, Anfertigung von Anträgen usw. § 112 III BRAGO	20–280

Ist der RA vom Gericht beigeordnet worden, so erhält er das Vierfache der in den Absätzen 1, 2 und 3 bestimmten Mindestgebühren aus der Staatskasse; §§ 97 II, IV, 98 bis 101, 103 BRAGO gelten sinngemäß. § 112 IV BRAGO

VII. **Beratungshilfe**

Rechtsanwaltsgebühren bei Beratungshilfe
nach §§ 8, 9 BerHG i. d. F. d. Ges. v. 18. 6. 1980 – BGBl. I S. 689 –

Anspruch gegen den Ratsuchenden	DM
Beratungshilfegebühr gem. § 8 BerHG (bei Ratsuchenden mit geringem Einkommen ist Verzicht auf die Gebühr möglich)	20
Anspruch gegen die Staatskasse	
1. Gebühr für Rat u. Auskunft (mündl. o. schriftl.) gem. § 132 I BRAGO	35
2. Geschäfts- u. Besprechungsgebühr gem. §§ 132 II, 118 I Ziff. 1 u. 2 BRAGO	90
3. Vergleichs- oder Erledigungsgebühr gem. §§ 132 III, 23, 24 BRAGO	110
4. Auslagen und Mehrwertsteuer nach §§ 25–27 BRAGO	

Anspruch gegen den erstattungspflichtigen Gegner:
Gem. § 9 BerHG besteht Anspruch auf die gesetzliche Vergütung.

Gebühren für Gerichte und Notare

Nach der Kostenordnung in der Fassung des Gesetzes vom 9. Dezember 1986 – BGBl. I S. 2326

Gültig ab 1. 1. 1987

Wert bis einschl. DM	10/10 DM	20/10 DM	5/10 DM	1/4 DM	Wert bis einschl. DM	10/10 DM	20/10 DM	5/10 DM	1/4 DM
500	15	30	15	15,—	200 000	410	820	205	102,50
1 000	18	36	15	15,—	220 000	440	880	220	110,—
1 500	21	42	15	15,—	240 000	470	940	235	117,50
2 000	24	48	15	15,—	260 000	500	1 000	250	125,—
4 000	38	76	19	15,—	280 000	530	1 060	265	132,50
6 000	52	104	26	15,—	300 000	560	1 120	280	140,—
8 000	66	132	33	16,50	320 000	590	1 180	295	147,50
10 000	80	160	40	20,—	340 000	620	1 240	310	155,—
15 000	90	180	45	22,50	360 000	650	1 300	325	162,50
20 000	100	200	50	25,—	380 000	680	1 360	340	170,—
25 000	110	220	55	27,50	400 000	710	1 420	355	177,50
30 000	120	240	60	30,—	420 000	740	1 480	370	185,—
35 000	130	260	65	32,50	440 000	770	1 540	385	192,50
40 000	140	280	70	35,—	460 000	800	1 600	400	200,—
45 000	150	300	75	37,50	480 000	830	1 660	415	207,50
50 000	160	320	80	40,—	500 000	860	1 720	430	215,—
55 000	170	340	85	42,50	520 000	890	1 780	445	222,50
60 000	180	360	90	45,—	540 000	920	1 840	460	230,—
65 000	190	380	95	47,50	560 000	950	1 900	475	237,50
70 000	200	400	100	50,—	580 000	980	1 960	490	245,—
75 000	210	420	105	52,50	600 000	1 010	2 020	505	252,50
80 000	220	440	110	55,—	620 000	1 040	2 080	520	260,—
85 000	230	460	115	57,50	640 000	1 070	2 140	535	267,50
90 000	240	480	120	60,—	660 000	1 100	2 200	550	275,—
95 000	250	500	125	62,50	680 000	1 130	2 260	565	282,50
100 000	260	520	130	65,—	700 000	1 160	2 320	580	290,—
120 000	290	580	145	72,50	720 000	1 190	2 380	595	297,50
140 000	320	640	160	80,—	740 000	1 220	2 440	610	305,—
160 000	350	700	175	87,50	760 000	1 250	2 500	625	312,50
180 000	380	760	190	95,—	780 000	1 280	2 560	640	320,—

Wert bis einschl. DM	10/10 DM	20/10 DM	5/10 DM	1/4 DM	Wert bis einschl. DM	10/10 DM	20/10 DM	5/10 DM	1/4 DM
800 000	1 310	2 620	655	327,50	1 500 000	2 360	4 720	1 180	590,—
820 000	1 340	2 680	670	335,—	1 520 000	2 390	4 780	1 195	597,50
840 000	1 370	2 740	685	342,50	1 540 000	2 420	4 840	1 210	605,—
860 000	1 400	2 800	700	350,—	1 560 000	2 450	4 900	1 225	612,50
880 000	1 430	2 860	715	357,50	1 580 000	2 480	4 960	1 240	620,—
900 000	1 460	2 920	730	365,—	1 600 000	2 510	5 020	1 255	627,50
920 000	1 490	2 980	745	372,50	1 620 000	2 540	5 080	1 270	635,—
940 000	1 520	3 040	760	380,—	1 640 000	2 570	5 140	1 285	642,50
960 000	1 550	3 100	775	387,50	1 660 000	2 600	5 200	1 300	650,—
980 000	1 580	3 160	790	395,—	1 680 000	2 630	5 260	1 315	657,50
1 000 000	1 610	3 220	805	402,50	1 700 000	2 660	5 320	1 330	665,—
1 020 000	1 640	3 280	820	410,—	1 720 000	2 690	5 380	1 345	672,50
1 040 000	1 670	3 340	835	417,50	1 740 000	2 720	5 440	1 360	680,—
1 060 000	1 700	3 400	850	425,—	1 760 000	2 750	5 500	1 375	687,50
1 080 000	1 730	3 460	865	432,50	1 780 000	2 780	5 560	1 390	695,—
1 100 000	1 760	3 520	880	440,—	1 800 000	2 810	5 620	1 405	702,50
1 120 000	1 790	3 580	895	447,50	1 820 000	2 840	5 680	1 420	710,—
1 140 000	1 820	3 640	910	455,—	1 840 000	2 870	5 740	1 435	717,50
1 160 000	1 850	3 700	925	462,50	1 860 000	2 900	5 800	1 450	725,—
1 180 000	1 880	3 760	940	470,—	1 880 000	2 930	5 860	1 465	732,50
1 200 000	1 910	3 820	955	477,50	1 900 000	2 960	5 920	1 480	740,—
1 220 000	1 940	3 880	970	485,—	1 920 000	2 990	5 980	1 495	747,50
1 240 000	1 970	3 940	985	492,50	1 940 000	3 020	6 040	1 510	755,—
1 260 000	2 000	4 000	1 000	500,—	1 960 000	3 050	6 100	1 525	762,50
1 280 000	2 030	4 060	1 015	507,50	1 980 000	3 080	6 160	1 540	770,—
1 300 000	2 060	4 120	1 030	515,—	2 000 000	3 110	6 220	1 555	777,50
1 320 000	2 090	4 180	1 045	522,50	2 020 000	3 140	6 280	1 570	785,—
1 340 000	2 120	4 240	1 060	530,—	2 040 000	3 170	6 340	1 585	792,50
1 360 000	2 150	4 300	1 075	537,50	2 060 000	3 200	6 400	1 600	800,—
1 380 000	2 180	4 360	1 090	545,—	2 080 000	3 230	6 460	1 615	807,50
1 400 000	2 210	4 420	1 105	552,50	2 100 000	3 260	6 520	1 630	815,—
1 420 000	2 240	4 480	1 120	560,—	2 120 000	3 290	6 580	1 645	822,50
1 440 000	2 270	4 540	1 135	567,50	2 140 000	3 320	6 640	1 660	830,—
1 460 000	2 300	4 600	1 150	575,—	2 160 000	3 350	6 700	1 675	837,50
1 480 000	2 330	4 660	1 165	582,50	2 180 000	3 380	6 760	1 690	845,—

Wert bis einschl. DM	10/10 DM	20/10 DM	5/10 DM	1/4 DM	Wert bis einschl. DM	10/10 DM	20/10 DM	5/10 DM	1/4 DM
2 200 000	3 410	6 820	1 705	852,50	2 900 000	4 460	8 920	2 230	1 115,—
2 220 000	3 440	6 880	1 720	860,—	2 920 000	4 490	8 980	2 245	1 122,50
2 240 000	3 470	6 940	1 735	867,50	2 940 000	4 520	9 040	2 260	1 130,—
2 260 000	3 500	7 000	1 750	875,—	2 960 000	4 550	9 100	2 275	1 137,50
2 280 000	3 530	7 060	1 765	882,50	2 980 000	4 580	9 160	2 290	1 145,—
2 300 000	3 560	7 120	1 780	890,—	3 000 000	4 610	9 220	2 305	1 152,50
2 320 000	3 590	7 180	1 795	897,50	3 020 000	4 640	9 280	2 320	1 160,—
2 340 000	3 620	7 240	1 810	905,—	3 040 000	4 670	9 340	2 335	1 167,50
2 360 000	3 650	7 300	1 825	912,50	3 060 000	4 700	9 400	2 350	1 175,—
2 380 000	3 680	7 360	1 840	920,—	3 080 000	4 730	9 460	2 365	1 182,50
2 400 000	3 710	7 420	1 855	927,50	3 100 000	4 760	9 520	2 380	1 190,—
2 420 000	3 740	7 480	1 870	935,—	3 120 000	4 790	9 580	2 395	1 197,50
2 440 000	3 770	7 540	1 885	942,50	3 140 000	4 820	9 640	2 410	1 205,—
2 460 000	3 800	7 600	1 900	950,—	3 160 000	4 850	9 700	2 425	1 212,50
2 480 000	3 830	7 660	1 915	957,50	3 180 000	4 880	9 760	2 440	1 220,—
2 500 000	3 860	7 720	1 930	965,—	3 200 000	4 910	9 820	2 455	1 227,50
2 520 000	3 890	7 780	1 945	972,50	3 220 000	4 940	9 880	2 470	1 235,—
2 540 000	3 920	7 840	1 960	980,—	3 240 000	4 970	9 940	2 485	1 242,50
2 560 000	3 950	7 900	1 975	987,50	3 260 000	5 000	10 000	2 500	1 250,—
2 580 000	3 980	7 960	1 990	995,—	3 280 000	5 030	10 060	2 515	1 257,50
2 600 000	4 010	8 020	2 005	1 002,50	3 300 000	5 060	10 120	2 530	1 265,—
2 620 000	4 040	8 080	2 020	1 010,—	3 320 000	5 090	10 180	2 545	1 272,50
2 640 000	4 070	8 140	2 035	1 017,50	3 340 000	5 120	10 240	2 560	1 280,—
2 660 000	4 100	8 200	2 050	1 025,—	3 360 000	5 150	10 300	2 575	1 287,50
2 680 000	4 130	8 260	2 065	1 032,50	3 380 000	5 180	10 360	2 590	1 295,—
2 700 000	4 160	8 320	2 080	1 040,—	3 400 000	5 210	10 420	2 605	1 302,50
2 720 000	4 190	8 380	2 095	1 047,50	3 420 000	5 240	10 480	2 620	1 310,—
2 740 000	4 220	8 440	2 110	1 055,—	3 440 000	5 270	10 540	2 635	1 317,50
2 760 000	4 250	8 500	2 125	1 062,50	3 460 000	5 300	10 600	2 650	1 325,—
2 780 000	4 280	8 560	2 140	1 070,—	3 480 000	5 330	10 660	2 665	1 332,50
2 800 000	4 310	8 620	2 155	1 077,50	3 500 000	5 360	10 720	2 680	1 340,—
2 820 000	4 340	8 680	2 170	1 085,—	3 520 000	5 390	10 780	2 695	1 347,50
2 840 000	4 370	8 740	2 185	1 092,50	3 540 000	5 420	10 840	2 710	1 355,—
2 860 000	4 400	8 800	2 200	1 100,—	3 560 000	5 450	10 900	2 725	1 362,50
2 880 000	4 430	8 860	2 215	1 107,50	3 580 000	5 480	10 960	2 740	1 370,—

Wert bis einschl. DM	10/10 DM	20/10 DM	5/10 DM	1/4 DM	Wert bis einschl. DM	10/10 DM	20/10 DM	5/10 DM	1/4 DM
3 600 000	5 510	11 020	2 755	1 377,50	4 300 000	6 560	13 120	3 280	1 640,—
3 620 000	5 540	11 080	2 770	1 385,—	4 320 000	6 590	13 180	3 295	1 647,50
3 640 000	5 570	11 140	2 785	1 392,50	4 340 000	6 620	13 240	3 310	1 655,—
3 660 000	5 600	11 200	2 800	1 400,—	4 360 000	6 650	13 300	3 325	1 662,50
3 680 000	5 630	11 260	2 815	1 407,50	4 380 000	6 680	13 360	3 340	1 670,—
3 700 000	5 660	11 320	2 830	1 415,—	4 400 000	6 710	13 420	3 355	1 677,50
3 720 000	5 690	11 380	2 845	1 422,50	4 420 000	6 740	13 480	3 370	1 685,—
3 740 000	5 720	11 440	2 860	1 430,—	4 440 000	6 770	13 540	3 385	1 692,50
3 760 000	5 750	11 500	2 875	1 437,50	4 460 000	6 800	13 600	3 400	1 700,—
3 780 000	5 780	11 560	2 890	1 445,—	4 480 000	6 830	13 660	3 415	1 707,50
3 800 000	5 810	11 620	2 905	1 452,50	4 500 000	6 860	13 720	3 430	1 715,—
3 820 000	5 840	11 680	2 920	1 460,—	4 520 000	6 890	13 780	3 445	1 722,50
3 840 000	5 870	11 740	2 935	1 467,50	4 540 000	6 920	13 840	3 460	1 730,—
3 860 000	5 900	11 800	2 950	1 475,—	4 560 000	6 950	13 900	3 475	1 737,50
3 880 000	5 930	11 860	2 965	1 482,50	4 580 000	6 980	13 960	3 490	1 745,—
3 900 000	5 960	11 920	2 980	1 490,—	4 600 000	7 010	14 020	3 505	1 752,50
3 920 000	5 990	11 980	2 995	1 497,50	4 620 000	7 040	14 080	3 520	1 760,—
3 940 000	6 020	12 040	3 010	1 505,—	4 640 000	7 070	14 140	3 535	1 767,50
3 960 000	6 050	12 100	3 025	1 512,50	4 660 000	7 100	14 200	3 550	1 775,—
3 980 000	6 080	12 160	3 040	1 520,—	4 680 000	7 130	14 260	3 565	1 782,50
4 000 000	6 110	12 220	3 055	1 527,50	4 700 000	7 160	14 320	3 580	1 790,—
4 020 000	6 140	12 280	3 070	1 535,—	4 720 000	7 190	14 380	3 595	1 797,50
4 040 000	6 170	12 340	3 085	1 542,50	4 740 000	7 220	14 440	3 610	1 805,—
4 060 000	6 200	12 400	3 100	1 550,—	4 760 000	7 250	14 500	3 625	1 812,50
4 080 000	6 230	12 460	3 115	1 557,50	4 780 000	7 280	14 560	3 640	1 820,—
4 100 000	6 260	12 520	3 130	1 565,—	4 800 000	7 310	14 620	3 655	1 827,50
4 120 000	6 290	12 580	3 145	1 572,50	4 820 000	7 340	14 680	3 670	1 835,—
4 140 000	6 320	12 640	3 160	1 580,—	4 840 000	7 370	14 740	3 685	1 842,50
4 160 000	6 350	12 700	3 175	1 587,50	4 860 000	7 400	14 800	3 700	1 850,—
4 180 000	6 380	12 760	3 190	1 595,—	4 880 000	7 430	14 860	3 715	1 857,50
4 200 000	6 410	12 820	3 205	1 602,50	4 900 000	7 460	14 920	3 730	1 865,—
4 220 000	6 440	12 880	3 220	1 610,—	4 920 000	7 490	14 980	3 745	1 872,50
4 240 000	6 470	12 940	3 235	1 617,50	4 940 000	7 520	15 040	3 760	1 880,—
4 260 000	6 500	13 000	3 250	1 625,—	4 960 000	7 550	15 100	3 775	1 887,50
4 280 000	6 530	13 060	3 265	1 632,50	4 980 000	7 580	15 160	3 790	1 895,—

Wert bis einschl. DM	10/10 DM	20/10 DM	5/10 DM	1/4 DM	Wert bis einschl. DM	10/10 DM	20/10 DM	5/10 DM	1/4 DM
5 000 000	7 610	15 220	3 805	1 902,50	5 700 000	8 660	17 320	4 330	2 165,—
5 020 000	7 640	15 280	3 820	1 910,—	5 720 000	8 690	17 380	4 345	2 172,50
5 040 000	7 670	15 340	3 835	1 917,50	5 740 000	8 720	17 440	4 360	2 180,—
5 060 000	7 700	15 400	3 850	1 925,—	5 760 000	8 750	17 500	4 375	2 187,50
5 080 000	7 730	15 460	3 865	1 932,50	5 780 000	8 780	17 560	4 390	2 195,—
5 100 000	7 760	15 520	3 880	1 940,—	5 800 000	8 810	17 620	4 405	2 202,50
5 120 000	7 790	15 580	3 895	1 947,50	5 820 000	8 840	17 680	4 420	2 210,—
5 140 000	7 820	15 640	3 910	1 955,—	5 840 000	8 870	17 740	4 435	2 217,50
5 160 000	7 850	15 700	3 925	1 962,50	5 860 000	8 900	17 800	4 450	2 225,—
5 180 000	7 880	15 760	3 940	1 970,—	5 880 000	8 930	17 860	4 465	2 232,50
5 200 000	7 910	15 820	3 955	1 977,50	5 900 000	8 960	17 920	4 480	2 240,—
5 220 000	7 940	15 880	3 970	1 985,—	5 920 000	8 990	17 980	4 495	2 247,50
5 240 000	7 970	15 940	3 985	1 992,50	5 940 000	9 020	18 040	4 510	2 255,—
5 260 000	8 000	16 000	4 000	2 000,—	5 960 000	9 050	18 100	4 525	2 262,50
5 280 000	8 030	16 060	4 015	2 007,50	5 980 000	9 080	18 160	4 540	2 270,—
5 300 000	8 060	16 120	4 030	2 015,—	6 000 000	9 110	18 220	4 555	2 277,50
5 320 000	8 090	16 180	4 045	2 022,50	6 020 000	9 140	18 280	4 570	2 285,—
5 340 000	8 120	16 240	4 060	2 030,—	6 040 000	9 170	18 340	4 585	2 292,50
5 360 000	8 150	16 300	4 075	2 037,50	6 060 000	9 200	18 400	4 600	2 300,—
5 380 000	8 180	16 360	4 090	2 045,—	6 080 000	9 230	18 460	4 615	2 307,50
5 400 000	8 210	16 420	4 105	2 052,50	6 100 000	9 260	18 520	4 630	2 315,—
5 420 000	8 240	16 480	4 120	2 060,—	6 120 000	9 290	18 580	4 645	2 322,50
5 440 000	8 270	16 540	4 135	2 067,50	6 140 000	9 320	18 640	4 660	2 330,—
5 460 000	8 300	16 600	4 150	2 075,—	6 160 000	9 350	18 700	4 675	2 337,50
5 480 000	8 330	16 660	4 165	2 082,50	6 180 000	9 380	18 760	4 690	2 345,—
5 500 000	8 360	16 720	4 180	2 090,—	6 200 000	9 410	18 820	4 705	2 352,50
5 520 000	8 390	16 780	4 195	2 097,50	6 220 000	9 440	18 880	4 720	2 360,—
5 540 000	8 420	16 840	4 210	2 105,—	6 240 000	9 470	18 940	4 735	2 367,50
5 560 000	8 450	16 900	4 225	2 112,50	6 260 000	9 500	19 000	4 750	2 375,—
5 580 000	8 480	16 960	4 240	2 120,—	6 280 000	9 530	19 060	4 765	2 382,50
5 600 000	8 510	17 020	4 255	2 127,50	6 300 000	9 560	19 120	4 780	2 390,—
5 620 000	8 540	17 080	4 270	2 135,—	6 320 000	9 590	19 180	4 795	2 397,50
5 640 000	8 570	17 140	4 285	2 142,50	6 340 000	9 620	19 240	4 810	2 405,—
5 660 000	8 600	17 200	4 300	2 150,—	6 360 000	9 650	19 300	4 825	2 412,50
5 680 000	8 630	17 260	4 315	2 157,50	6 380 000	9 680	19 360	4 840	2 420,—

Wert bis einschl. DM	10/10 DM	20/10 DM	5/10 DM	1/4 DM	Wert bis einschl. DM	10/10 DM	20/10 DM	5/10 DM	1/4 DM
6 400 000	9 710	19 420	4 855	2 427,50	7 100 000	10 760	21 520	5 380	2 690,—
6 420 000	9 740	19 480	4 870	2 435,—	7 120 000	10 790	21 580	5 395	2 697,50
6 440 000	9 770	19 540	4 885	2 442,50	7 140 000	10 820	21 640	5 410	2 705,—
6 460 000	9 800	19 600	4 900	2 450,—	7 160 000	10 850	21 700	5 425	2 712,50
6 480 000	9 830	19 660	4 915	2 457,50	7 180 000	10 880	21 760	5 440	2 720,—
6 500 000	9 860	19 720	4 930	2 465,—	7 200 000	10 910	21 820	5 455	2 727,50
6 520 000	9 890	19 780	4 945	2 472,50	7 220 000	10 940	21 880	5 470	2 735,—
6 540 000	9 920	19 840	4 960	2 480,—	7 240 000	10 970	21 940	5 485	2 742,50
6 560 000	9 950	19 900	4 975	2 487,50	7 260 000	11 000	22 000	5 500	2 750,—
6 580 000	9 980	19 960	4 990	2 495,—	7 280 000	11 030	22 060	5 515	2 757,50
6 600 000	10 010	20 020	5 005	2 502,50	7 300 000	11 060	22 120	5 530	2 765,—
6 620 000	10 040	20 080	5 020	2 510,—	7 320 000	11 090	22 180	5 545	2 772,50
6 640 000	10 070	20 140	5 035	2 517,50	7 340 000	11 120	22 240	5 560	2 780,—
6 660 000	10 100	20 200	5 050	2 525,—	7 360 000	11 150	22 300	5 575	2 787,50
6 680 000	10 130	20 260	5 065	2 532,50	7 380 000	11 180	22 360	5 590	2 795,—
6 700 000	10 160	20 320	5 080	2 540,—	7 400 000	11 210	22 420	5 605	2 802,50
6 720 000	10 190	20 380	5 095	2 547,50	7 420 000	11 240	22 480	5 620	2 810,—
6 740 000	10 220	20 440	5 110	2 555,—	7 440 000	11 270	22 540	5 635	2 817,50
6 760 000	10 250	20 500	5 125	2 562,50	7 460 000	11 300	22 600	5 650	2 825,—
6 780 000	10 280	20 560	5 140	2 570,—	7 480 000	11 330	22 660	5 665	2 832,50
6 800 000	10 310	20 620	5 155	2 577,50	7 500 000	11 360	22 720	5 680	2 840,—
6 820 000	10 340	20 680	5 170	2 585,—	7 520 000	11 390	22 780	5 695	2 847,50
6 840 000	10 370	20 740	5 185	2 592,50	7 540 000	11 420	22 840	5 710	2 855,—
6 860 000	10 400	20 800	5 200	2 600,—	7 560 000	11 450	22 900	5 725	2 862,50
6 880 000	10 430	20 860	5 215	2 607,50	7 580 000	11 480	22 960	5 740	2 870,—
6 900 000	10 460	20 920	5 230	2 615,—	7 600 000	11 510	23 020	5 755	2 877,50
6 920 000	10 490	20 980	5 245	2 622,50	7 620 000	11 540	23 080	5 770	2 885,—
6 940 000	10 520	21 040	5 260	2 630,—	7 640 000	11 570	23 140	5 785	2 892,50
6 960 000	10 550	21 100	5 275	2 637,50	7 660 000	11 600	23 200	5 800	2 900,—
6 980 000	10 580	21 160	5 290	2 645,—	7 680 000	11 630	23 260	5 815	2 907,50
7 000 000	10 610	21 220	5 305	2 652,50	7 700 000	11 660	23 320	5 830	2 915,—
7 020 000	10 640	21 280	5 320	2 660,—	7 720 000	11 690	23 380	5 845	2 922,50
7 040 000	10 670	21 340	5 335	2 667,50	7 740 000	11 720	23 440	5 860	2 930,—
7 060 000	10 700	21 400	5 350	2 675,—	7 760 000	11 750	23 500	5 875	2 937,50
7 080 000	10 730	21 460	5 365	2 682,50	7 780 000	11 780	23 560	5 890	2 945,—

Wert bis einschl. DM	10/10 DM	20/10 DM	5/10 DM	1/4 DM	Wert bis einschl. DM	10/10 DM	20/10 DM	5/10 DM	1/4 DM
7 800 000	11 810	23 620	5 905	2 952,50	8 500 000	12 860	25 720	6 430	3 215,—
7 820 000	11 840	23 680	5 920	2 960,—	8 520 000	12 890	25 780	6 445	3 222,50
7 840 000	11 870	23 740	5 935	2 967,50	8 540 000	12 920	25 840	6 460	3 230,—
7 860 000	11 900	23 800	5 950	2 975,—	8 560 000	12 950	25 900	6 475	3 237,50
7 880 000	11 930	23 860	5 965	2 982,50	8 580 000	12 980	25 960	6 490	3 245,—
7 900 000	11 960	23 920	5 980	2 990,—	8 600 000	13 010	26 020	6 505	3 252,50
7 920 000	11 990	23 980	5 995	2 997,50	8 620 000	13 040	26 080	6 520	3 260,—
7 940 000	12 020	24 040	6 010	3 005,—	8 640 000	13 070	26 140	6 535	3 267,50
7 960 000	12 050	24 100	6 025	3 012,50	8 660 000	13 100	26 200	6 550	3 275,—
7 980 000	12 080	24 160	6 040	3 020,—	8 680 000	13 130	26 260	6 565	3 282,50
8 000 000	12 110	24 220	6 055	3 027,50	8 700 000	13 160	26 320	6 580	3 290,—
8 020 000	12 140	24 280	6 070	3 035,—	8 720 000	13 190	26 380	6 595	3 297,50
8 040 000	12 170	24 340	6 085	3 042,50	8 740 000	13 220	26 440	6 610	3 305,—
8 060 000	12 200	24 400	6 100	3 050,—	8 760 000	13 250	26 500	6 625	3 312,50
8 080 000	12 230	24 460	6 115	3 057,50	8 780 000	13 280	26 560	6 640	3 320,—
8 100 000	12 260	24 520	6 130	3 065,—	8 800 000	13 310	26 620	6 655	3 327,50
8 120 000	12 290	24 580	6 145	3 072,50	8 820 000	13 340	26 680	6 670	3 335,—
8 140 000	12 320	24 640	6 160	3 080,—	8 840 000	13 370	26 740	6 685	3 342,50
8 160 000	12 350	24 700	6 175	3 087,50	8 860 000	13 400	26 800	6 700	3 350,—
8 180 000	12 380	24 760	6 190	3 095,—	8 880 000	13 430	26 860	6 715	3 357,50
8 200 000	12 410	24 820	6 205	3 102,50	8 900 000	13 460	26 920	6 730	3 365,—
8 220 000	12 440	24 880	6 220	3 110,—	8 920 000	13 490	26 980	6 745	3 372,50
8 240 000	12 470	24 940	6 235	3 117,50	8 940 000	13 520	27 040	6 760	3 380,—
8 260 000	12 500	25 000	6 250	3 125,—	8 960 000	13 550	27 100	6 775	3 387,50
8 280 000	12 530	25 060	6 265	3 132,50	8 980 000	13 580	27 160	6 790	3 395,—
8 300 000	12 560	25 120	6 280	3 140,—	9 000 000	13 610	27 220	6 805	3 402,50
8 320 000	12 590	25 180	6 295	3 147,50	9 020 000	13 640	27 280	6 820	3 410,—
8 340 000	12 620	25 240	6 310	3 155,—	9 040 000	13 670	27 340	6 835	3 417,50
8 360 000	12 650	25 300	6 325	3 162,50	9 060 000	13 700	27 400	6 850	3 425,—
8 380 000	12 680	25 360	6 340	3 170,—	9 080 000	13 730	27 460	6 865	3 432,50
8 400 000	12 710	25 420	6 355	3 177,50	9 100 000	13 760	27 520	6 880	3 440,—
8 420 000	12 740	25 480	6 370	3 185,—	9 120 000	13 790	27 580	6 895	3 447,50
8 440 000	12 770	25 540	6 385	3 192,50	9 140 000	13 820	27 640	6 910	3 455,—
8 460 000	12 800	25 600	6 400	3 200,—	9 160 000	13 850	27 700	6 925	3 462,50
8 480 000	12 830	25 660	6 415	3 207,50	9 180 000	13 880	27 760	6 940	3 470,—

Wert bis einschl. DM	10/10 DM	20/10 DM	5/10 DM	1/4 DM	Wert bis einschl. DM	10/10 DM	20/10 DM	5/10 DM	1/4 DM
9 200 000	13 910	27 820	6 955	3 477,50	9 600 000	14 510	29 020	7 255	3 627,50
9 220 000	13 940	27 880	6 970	3 485,—	9 620 000	14 540	29 080	7 270	3 635,—
9 240 000	13 970	27 940	6 985	3 492,50	9 640 000	14 570	29 140	7 285	3 642,50
9 260 000	14 000	28 000	7 000	3 500,—	9 660 000	14 600	29 200	7 300	3 650,—
9 280 000	14 030	28 060	7 015	3 507,50	9 680 000	14 630	29 260	7 315	3 657,50
9 300 000	14 060	28 120	7 030	3 515,—	9 700 000	14 660	29 320	7 330	3 665,—
9 320 000	14 090	28 180	7 045	3 522,50	9 720 000	14 690	29 380	7 345	3 672,50
9 340 000	14 120	28 240	7 060	3 530,—	9 740 000	14 720	29 440	7 360	3 680,—
9 360 000	14 150	28 300	7 075	3 537,50	9 760 000	14 750	29 500	7 375	3 687,50
9 380 000	14 180	28 360	7 090	3 545,—	9 780 000	14 780	29 560	7 390	3 695,—
9 400 000	14 210	28 420	7 105	3 552,50	9 800 000	14 810	29 620	7 405	3 702,50
9 420 000	14 240	28 480	7 120	3 560,—	9 820 000	14 840	29 680	7 420	3 710,—
9 440 000	14 270	28 540	7 135	3 567,50	9 840 000	14 870	29 740	7 435	3 717,50
9 460 000	14 300	28 600	7 150	3 575,—	9 860 000	14 900	29 800	7 450	3 725,—
9 480 000	14 330	28 660	7 165	3 582,50	9 880 000	14 930	29 860	7 465	3 732,50
9 500 000	14 360	28 720	7 180	3 590,—	9 900 000	14 960	29 920	7 480	3 740,—
9 520 000	14 390	28 780	7 195	3 597,50	9 920 000	14 990	29 980	7 495	3 747,50
9 540 000	14 420	28 840	7 210	3 605,—	9 940 000	15 020	30 040	7 510	3 755,—
9 560 000	14 450	28 900	7 225	3 612,50	9 960 000	15 050	30 100	7 525	3 762,50
9 580 000	14 480	28 960	7 240	3 620,—	9 980 000	15 080	30 160	7 540	3 770,—
					10 000 000	15 110	30 220	7 555	3 777,50

Wert bis einschl. DM	steigend um je DM	10/10 DM	20/10 DM	5/10 DM	1/4 DM
50 000 000	50 000	33	66	16,50	8,25
100 000 000	100 000	20	40	10,—	5,—
500 000 000	500 000	15	30	7,50	3,75
über 500 000 000	1 000 000	15	30	7,50	3,75

Berechnungsvorschlag Seite 28

KostO

Berechnungsvorschlag für Werte über 10 000 000 DM

Gerichts- und Notargebühren KostO

Wert bis einschl. DM	von den auf volle ... DM aufgerundeten Werten	10/10	20/10	5/10	1/4
von 100 000 bis 10 000 000	20 000	0,15 % + 110 DM	0,30 % + 220 DM	0,075 % + 55 DM	0,0375 % + 27,50 DM
50 000 000	50 000	0,066 % + 8 510 DM	0,132 % + 17 020 DM	0,033 % + 4 255 DM	0,0165 % + 2 127,50 DM
100 000 000	100 000	0,02 % + 31 510 DM	0,04 % + 63 020 DM	0,01 % + 15 755 DM	0,005 % + 7 877,50 DM
500 000 000	500 000	0,003 % + 48 590 DM	0,006 % + 97 180 DM	0,0015 % + 24 295 DM	0,00075 % + 12 147,50 DM
darüber	1 000 000	0,0015 % + 56 010 DM	0,003 % + 112 020 DM	0,00075 % + 28 005 DM	0,000375 % + 14 002,50 DM

Beispiele:

Wert DM	aufgerundet auf DM	10/10 DM	20/10 DM	5/10 DM	1/4 DM
17 394 260	17 400 000	19 994	39 988	9 997	4 998,50
29 561 304	29 600 000	28 046	56 092	14 023	7 011,50
365 381 492	365 400 000	59 552	119 104	29 776	14 888,—

Ergänzende Bemerkungen zur vorstehenden Tabelle

(Die §§ sind die der KostO)

Gerichts- und Notargebühren KostO

1. Die Gebühren werden nach dem Geschäftswert berechnet (§ 18).
   Für Grundbesitz gilt regelmäßig der letzte Einheitswert, sofern sich aus dem Inhalt des Geschäfts, den Angaben der Beteiligten, Grundstücksbelastungen, amtlich bekannten oder aus den Grundakten ersichtlichen Tatsachen oder Vergleichswerten oder aus sonstigen ausreichenden Anhaltspunkten nicht ein höherer Wert ergibt; bei wesentlichem Abweichen des gebührenpflichtigen Geschäfts vom Gegenstand der Einheitsbewertung ist der Geschäftswert nach freiem Ermessen zu ermitteln (§ 19/2).
2. Der Mindestbetrag einer Gebühr ist 15,— DM; Pfennigbeträge sind auf volle zehn deutsche Pfennige aufzurunden (§ 33).
3. In Ermangelung genügender tatsächlicher Anhaltspunkte für eine Schätzung und in nichtvermögensrechtlichen Angelegenheiten ist der Wert regelmäßig auf 5000 DM anzunehmen, nach Lage des Falles höher oder niedriger, jedoch nicht über 1 Million und nicht unter 200 DM. In Angelegenheiten, die die Annahme eines Minderjährigen betreffen, beträgt der Wert stets 5000 DM (§ 30/2, 3).
4. Der Wert des Rechts auf wiederkehrende Leistungen wird wie folgt berechnet:
   a) bei immerwährender Dauer (auf unabsehbare Zeit) der 25fache Jahresbetrag;
   b) bei unbestimmter Dauer (wenn der künftige Wegfall gewiß, die Zeit des Wegfalls aber ungewiß ist, z. B. Änderung des Zinssatzes) der 12½fache Jahresbetrag;
   c) bei Dauer des Rechts für die Lebenszeit einer Person ist anzunehmen, wenn es beginnt:

von 15 Jahren oder weniger	der 22fache Betrag
über 15 Jahre bis zu 25 Jahren	der 21fache Betrag
über 25 Jahre bis zu 35 Jahren	der 20fache Betrag
über 35 Jahre bis zu 45 Jahren	der 18fache Betrag
über 45 Jahre bis zu 55 Jahren	der 15fache Betrag
über 55 Jahre bis zu 65 Jahren	der 11fache Betrag
über 65 Jahre bis zu 75 Jahren	der 7½fache Betrag
über 75 Jahre bis zu 80 Jahren	der 5fache Betrag
über 80 Jahre	der 3fache Betrag

der einjährigen Nutzung oder Leistung (§ 24/1, 2).

Steht das Recht mehreren Personen zu, so ist das Lebensalter der ältesten maßgebend, wenn und soweit es beim Tode des zuerst Versterbenden erlischt; dagegen das Lebensalter der jüngsten Person, wenn und soweit es bis zum Tode des Letztversterbenden fortbestehen soll (§ 24/2).

Jedoch ist, wenn das Recht dem Ehegatten, einem früheren Ehegatten oder Verwandten bis zum 3. Grade und Verschwägerten bis zum 2. Grade des Verpflichteten zusteht, nur der 5fache Jahreswert der Gebührenberechnung zugrunde zu legen, falls nicht der Jahresbetrag nach § 24/2 niedriger ist, also bei Lebensalter über 80 Jahren der dreifache Jahresbetrag (§ 24/3).

Der Wert einer **Grunddienstbarkeit** ist derjenige, den sie für das herrschende Grundstück hat; ist der Nachteil für das dienende Grundstück höher, so gilt dieser (§ 22).

Wert der **Vorrangseinräumung** gleich dem des vortretenden, höchstens aber gleich dem des zurücktretenden Rechts (§ 23/3).

Der **Unterhaltsanspruch** eines unehelichen Kindes ist gleich dem Betrage des einjährigen Bezuges. Rückstände sind, falls sie Gegenstand des Geschäfts sind, mit ihrem Gesamtbetrag besonders in Ansatz zu bringen. Bei verschiedenen Jahresbeträgen gilt der höchste (§ 24/4). Ist zugleich die Vaterschaftsanerkennung beurkundet, so ist diese nach § 24/2 besonders zu bewerten.

5. Für den Wert einer **Vermögens- oder Nachlaßmasse** werden die Verbindlichkeiten **n i c h t** abgezogen (§ 18/3).

Gerichts- und Notargebühren KostO

6. Gerichtskosten in Grundbuchsachen, Nachlaß- und Familiensachen: z. B.

I. 30/10 a) Verfahren über Versorgungsausgleich mit Entscheidung des Richters (§ 99/1).
b) Verfahren über Hausratsteilung (§ 21 HausratsVO).

II. 10/10 a) Eintragung des Eigentümers (§ 60).
b) Eintragung von Belastungen (§ 62).
c) Erteilung eines Erbscheins (§ 107).
d) Entscheidung, mit der die Annahme als Kind ausgesprochen oder aufgehoben wird (§ 98).
e) Regelung der elterlichen Gewalt nach Scheidung (§ 94).

III. 5/10 a) Eintragung des Eigentums von Abkömmlingen (§ 60/2).
b) Eintragung von Veränderungen von Rechten an Grundstücken, Verfügungsbeschränkungen, Rangänderungen, Löschungsvormerkungen (§ 64).
c) Eintragung von Vormerkungen und Widersprüchen (§ 66).
d) Löschungen (die Hälfte der für die Eintragung bestimmten Gebühr) (§ 68).
e) Eintragung von Pfandentlassungen (§ 68).
f) Eröffnung einer Verfügung von Todes wegen (§ 102).

IV. 1/4 a) Andere Eintragungen als die vorstehenden (§ 67).
b) Amtliche Testamentsverwahrung (§ 101).
c) Erteilung von Hypothekenbriefen usw. (§ 71).
d) Rückgabe von Testamenten g e b ü h r e n f r e i .

Beglaubigte Grundbuchblattabschriften 15–35 DM (§ 73).

7. **Auseinandersetzung**

I. Gericht a) 40/10 für gerichtliche Vermittlung der Auseinandersetzung (§ 116[1]).
b) 20/10 wenn Verfahren ohne Bestätigung abgeschlossen (§ 116[1]).
c) 5/10 wenn vor Eintritt in die Verhandlung erledigt (§ 116[1]).
d) 5/10 wenn mit Dritten ein Auseinandersetzungsvertrag abgeschlossen wird (§ 116[2]).
e) je 5/10 wenn die Vermittlung der Auseinandersetzung einem Notar übertragen wird, für Verfahren und Bestätigung (§ 116[4]).

II. Notar Die Gebühren entsprechend wie zu I., jedoch nur
a) 35/10 wenn ihm die Vermittlung vom Gericht übertragen ist (§ 148).
b) 30/10 wenn in diesem Falle dem Gericht die Bestätigung zusteht (§ 148).

Daneben die Gebühr für Beurkundung des Vertrages (§ 116[3]).

8. Vereinbarungen über die Höhe der Notariatsgebühren sind unwirksam (§ 140).

9. Der Notar kann die Notariatsgebühren auf Grund einer von ihm mit Vollstreckungsklausel versehenen Ausfertigung der Kostenrechnung beitreiben (§ 155).

10. Ist am Ort der Amtshandlung durch Bundes- oder Landesrecht sachliche Gebührenbefreiung gewährt, so ermäßigen sich bei einem Notar, dem die Gebühren für seine Tätigkeit selbst zufließen, die in den §§ 36 bis 59, 71, 133, 145, 148 bestimmten Gebühren um achtzig vom Hundert; § 33 bleibt unberührt (§ 144/3).

11. Bei Anmeldungen zum Handelsregister und bei Eintragungen in das Handelsregister richtet sich der Geschäftswert nach dem in das Register einzutragenden Geldbetrag (§ 26/1).
Ist ein bestimmter Geldbetrag nicht einzutragen, so richtet sich der Geschäftswert nach dem Wert des Betriebsvermögens. Bei der Bewertung des Betriebsvermögens ist der letzte Einheitswert maßgebend, der zur Zeit der Fälligkeit der Gebühr bereits festgestellt ist (§ 26/2). Gegebenenfalls ist er zu schätzen (§ 26/6).
Bei Anmeldungen und Eintragungen, die für das Unternehmen keine wirtschaftliche Bedeutung haben, beträgt der Geschäftswert 1/10 des in § 26/3 bestimmten Wertes, höchstens 3000 DM (§ 26/7).
Bei der Beurkundung von Beschlüssen von Aktiengesellschaften, anderen Vereinigungen und Stiftungen richtet sich der Geschäftswert, wenn kein bestimmter Geldwert Gegenstand des Beschlusses ist, nach § 26/4. § 44 ist anzuwenden (§ 27).
Geschäftswerte und Gebühren ergeben sich aus der nachfolgenden Tabelle:

Geschäftswert und Gebühren

Für Beurkundung von Versammlungsbeschlüssen, Anmeldungen und Eintragungen, sofern nicht ein bestimmter Geldbetrag in das Register einzutragen ist.

Wert-stufe	Wert des Betriebs-vermögens DM	Voller Geschäftswert Wert DM	Gebühr für die erste Anmeldung 5/10 § 38/2 DM	Gebühr für die erste Eintragung 20/10 § 79 DM
1	2	3	4	5
1	bis 10 000	3 000	19	76
2	20 000	6 000	26	104
3	30 000	10 000	40	160
4	50 000	16 000	50	200
5	100 000	20 000	50	200
6	200 000	25 000	55	220
7	300 000	30 000	60	240
8	400 000	35 000	65	260
9	500 000	40 000	70	280
10	600 000	45 000	75	300
11	700 000	50 000	80	320
12	800 000	55 000	85	340
13	900 000	60 000	90	360
14	1 000 000	65 000	95	380
15	1 400 000	80 000	110	440
16	1 800 000	95 000	125	500
17	2 200 000	110 000	145	580
18	2 600 000	125 000	160	640
19	3 000 000	140 000	160	640
20	3 500 000	160 000	175	700
21	4 000 000	180 000	190	760
22	4 500 000	200 000	205	820
23	5 000 000	220 000	220	880
24	5 500 000	240 000	235	940
25	6 000 000	260 000	250	1 000
26	6 500 000	280 000	265	1 060
27	7 000 000	300 000	280	1 120
28	7 500 000	320 000	295	1 180
29	8 000 000	340 000	310	1 240
30	8 500 000	360 000	325	1 300

in Handelsregistersachen

Halber Geschäftswert			1/10 Geschäftswert ohne wirtschaftliche Bedeutung		
	Gebühr für die			Gebühr für die	
Wert	spätere Anmeldung	spätere Eintragung u. Beurk. von Versammlungsbeschl.	Wert	Anmeldung	Eintragung
	5/10 § 38/2	20/10 §§ 47, 79		5/10 § 38/2	20/10 § 79
DM	DM	DM	DM	DM	DM
6	7	8	9	10	11
1 500	15	42	300	15	30
3 000	19	76	600	15	36
5 000	26	104	1 000	15	36
8 000	33	132	1 600	15	48
10 000	40	160	2 000	15	48
12 500	45	180	2 500	19	76
15 000	45	180	3 000	19	76
17 500	50	200	Höchst-		
20 000	50	200	wert		
22 500	55	220			
25 000	55	220			
27 500	60	240			
30 000	60	240			
32 500	65	260			
40 000	70	280			
47 500	80	320			
55 000	85	340			
62 500	95	380			
70 000	100	400			
80 000	110	440			
90 000	120	480			
100 000	130	520			
110 000	145	580			
120 000	145	580			
130 000	160	640			
140 000	160	640			
150 000	175	700			
160 000	175	700			
170 000	190	760			
180 000	190	760			

Sp. 8
Anm. 1: **220 DM Höchstgebühr** für die Eintragung des Erlöschens der Prokura. § 79/2
Anm. 2: **440 DM Höchstgebühr** für die Eintragung einer Prokura oder deren Änderung. § 79/2
Anm. 3: **660 DM Höchstgebühr** für die Löschung der Firma. § 79/2

Geschäftswert und Gebühren in Handelsregistersachen

Geschäftswert und Gebühren in Handelsregistersachen

Wert-stufe	Wert des Betriebs-vermögens	Voller Geschäftswert			Halber Geschäftswert		
		Wert	Gebühr für die erste Anmeldung	Gebühr für die erste Eintragung	Wert	Gebühr für die spätere Anmeldung	Gebühr für die spätere Eintragung u. Beurk. von Versammlungsbeschl.
			5/10 § 38/2	20/10 § 79		5/10 § 38/2	20/10 §§ 47, 79
	DM	DM	DM	DM	DM	DM	DM
1	2	3	4	5	6	7	8
31	9 000 000	380 000	340	1 360	190 000	205	820
32	9 500 000	400 000	355	1 420	200 000	205	820
33	10 000 000	420 000	370	1 480	210 000	220	880
34	10 500 000	440 000	385	1 540	220 000	220	880
35	11 000 000	460 000	400	1 600	230 000	235	940
36	11 500 000	480 000	415	1 660	240 000	235	940
37	12 000 000	500 000	430	1 720	250 000	250	1 000
38	12 500 000	520 000	445	1 780	260 000	250	1 000
39	13 000 000	540 000	460	1 840	270 000	265	1 060
40	13 500 000	560 000	475	1 900	280 000	265	1 060
41	14 000 000	580 000	490	1 960	290 000	280	1 120
42	14 500 000	600 000	505	2 020	300 000	280	1 120
43	15 000 000	620 000	520	2 080	310 000	295	1 180
44	15 500 000	640 000	535	2 140	320 000	295	1 180
45	16 000 000	660 000	550	2 200	330 000	310	1 240
46	16 500 000	680 000	565	2 260	340 000	310	1 240
47	17 000 000	700 000	580	2 320	350 000	325	1 300
48	17 500 000	720 000	595	2 380	360 000	325	1 300
49	18 000 000	740 000	610	2 440	370 000	340	1 360
50	18 500 000	760 000	625	2 500	380 000	340	1 360
51	19 000 000	780 000	640	2 560	390 000	355	1 420
52	19 500 000	800 000	655	2 620	400 000	355	1 420
53	20 000 000	820 000	670	2 680	410 000	370	1 480
54	20 500 000	840 000	685	2 740	420 000	370	1 480
55	21 000 000	860 000	700	2 800	430 000	385	1 540
56	21 500 000	880 000	715	2 860	440 000	385	1 540
57	22 000 000	900 000	730	2 920	450 000	400	1 600
58	22 500 000	920 000	745	2 980	460 000	400	1 600
59	23 000 000	940 000	760	3 040	470 000	415	1 660
60	23 500 000	960 000	775	3 100	480 000	415	1 660

Sp. 8 Anm. 1: **1 320 DM Höchstgebühr** für alle sonstigen Eintragungen, wenn kein bestimmter Geldbetrag in das Register eingetragen wird und es sich nicht um die erste Eintragung handelt sowie für die Eintragung eines Kommanditisten als Nachfolger eines anderen, eines bisher pers. haftenden Gesellschafters als Kommanditisten oder eines bisherigen Kommanditisten als pers. haftenden Gesellschafter. § 79/2

Geschäftswert und Gebühren in Handelsregistersachen

Wertstufe	Wert des Betriebsvermögens	Voller Geschäftswert			Halber Geschäftswert		
		Wert	Gebühr für die erste Anmeldung	Gebühr für die erste Eintragung	Wert	Gebühr für die spätere Anmeldung	Gebühr für die spätere Eintragung u. Beurk. von Versammlungsbeschl.
			5/10 § 38/2	20/10 § 79		5/10 § 38/2	20/10 §§ 47, 79
	DM	DM	DM	DM	DM	DM	DM
1	2	3	4	5	6	7	8
61	24 000 000	980 000	790	3 160	490 000	430	1 720
62	24 500 000	1 000 000[1]	805	3 220	500 000	430	1 720
63	25 000 000	1 020 000	820	3 280	510 000	445	1 780
64	25 500 000	1 040 000	835	3 340	520 000	445	1 780
65	26 000 000	1 060 000	850	3 400	530 000	460	1 840
66	26 500 000	1 080 000	865	3 460	540 000	460	1 840
67	27 000 000	1 100 000	880	3 520	550 000	475	1 900
68	27 500 000	1 120 000	895	3 580	560 000	475	1 900
69	28 000 000	1 140 000	910	3 640	570 000	490	1 960
70	28 500 000	1 160 000	925	3 700	580 000	490	1 960
71	29 000 000	1 180 000	940	3 760	590 000	505	2 020
72	29 500 000	1 200 000	955	3 820	600 000	505	2 020
73	30 000 000	1 220 000	970	3 880	610 000	520	2 080
74	30 500 000	1 240 000	985	3 940	620 000	520	2 080
75	31 000 000	1 260 000	1 000	4 000	630 000	535	2 140
76	31 500 000	1 280 000	1 015	4 060	640 000	535	2 140
77	32 000 000	1 300 000	1 030	4 120	650 000	550	2 200
78	32 500 000	1 320 000	1 045	4 180	660 000	550	2 200
79	33 000 000	1 340 000	1 060	4 240	670 000	565	2 260
80	33 500 000	1 360 000	1 075	4 300	680 000	565	2 260
81	34 000 000	1 380 000	1 090	4 360	690 000	580	2 320
82	34 500 000	1 400 000	1 105	4 420	700 000	580	2 320
83	35 000 000	1 420 000	1 120	4 480	710 000	595	2 380
84	35 500 000	1 440 000	1 135	4 540	720 000	595	2 380
85	36 000 000	1 460 000	1 150	4 600	730 000	610	2 440
86	36 500 000	1 480 000	1 165	4 660	740 000	610	2 440
87	37 000 000	1 500 000	1 180	4 720	750 000	625	2 500
88	37 500 000	1 520 000	1 195	4 780	760 000	625	2 500
89	38 000 000	1 540 000	1 210	4 840	770 000	640	2 560
90	38 500 000	1 560 000	1 225	4 900	780 000	640	2 560

Sp. 3 Anm. 1: **Höchstwert** für Anmeldungen, auch wenn mehrere Anmeldungen in derselben Verhandlung beurkundet werden und ein bestimmter Geldbetrag in das Register einzutragen ist. § 26/10

Geschäftswert und Gebühren in Handelsregistersachen

Geschäftswert und Gebühren in Handelsregistersachen

Wertstufe	Wert des Betriebsvermögens	Voller Geschäftswert			Halber Geschäftswert	Gebühr für die	
		Wert	Gebühr für die erste Anmeldung	Gebühr für die erste Eintragung	Wert	spätere Anmeldung	spätere Eintragung u. Beurk. von Versammlungsbeschl.
			5/10 § 38/2	20/10 § 79		5/10 § 38/2	20/10 §§ 47, 79
	DM	DM	DM	DM	DM	DM	DM
1	2	3	4	5	6	7	8
91	39 000 000	1 580 000	1 240	4 960	790 000	655	2 620
92	39 500 000	1 600 000	1 255	5 020	800 000	655	2 620
93	40 000 000	1 620 000	1 270	5 080	810 000	670	2 680
94	40 500 000	1 640 000	1 285	5 140	820 000	670	2 680
95	41 000 000	1 660 000	1 300	5 200	830 000	685	2 740
96	41 500 000	1 680 000	1 315	5 260	840 000	685	2 740
97	42 000 000	1 700 000	1 330	5 320	850 000	700	2 800
98	42 500 000	1 720 000	1 345	5 380	860 000	700	2 800
99	43 000 000	1 740 000	1 360	5 440	870 000	715	2 860
100	43 500 000	1 760 000	1 375	5 500	880 000	715	2 860
101	44 000 000	1 780 000	1 390	5 560	890 000	730	2 920
102	44 500 000	1 800 000	1 405	5 620	900 000	730	2 920
103	45 000 000	1 820 000	1 420	5 680	910 000	745	2 980
104	45 500 000	1 840 000	1 435	5 740	920 000	745	2 980
105	46 000 000	1 860 000	1 450	5 800	930 000	760	3 040
106	46 500 000	1 880 000	1 465	5 860	940 000	760	3 040
107	47 000 000	1 900 000	1 480	5 920	950 000	775	3 100
108	47 500 000	1 920 000	1 495	5 980	960 000	775	3 100
109	48 000 000	1 940 000	1 510	6 040	970 000	790	3 160
110	48 500 000	1 960 000	1 525	6 100	980 000	790	3 160
111	49 000 000	1 980 000	1 540	6 160	990 000	805	3 220
112	49 500 000	2 000 000	1 555	6 220	1 000 000[1,2]	805	3 220

Berechnung bei Betriebsvermögen über 49 500 000 DM:
Von dem auf volle 500 000 DM aufgerundeten Wert des Betriebsvermögens.

		4 % + 20 000		siehe Tab. KostO		2 % + 10 000	siehe [3] Tab. KostO

Sp. 6 Anm. 1: **Höchstwert** für Anmeldungen, auch wenn mehrere Anmeldungen in derselben Verhandlung beurkundet werden und ein bestimmter Geldbetrag in das Register einzutragen ist. § 26/10

Sp. 6 Anm. 2: **Höchstwert** für Beschlüsse mit unbestimmtem Geldwert, auch wenn in einer Verhandlung mehrere Beschlüsse beurkundet werden. § 27/3

Sp. 8 Anm. 3: **10 000 DM Höchstgebühr** für Beurkundung von Versammlungsbeschlüssen, auch bei bestimmtem Geldbetrag. § 47

Alphabetisches Verzeichnis für Notariatsgebühren usw.

nach der Kostenordnung in der Fassung des Gesetzes vom 9. Dezember 1986
BGBl. I S. 2326

Die §§ sind die der Kostenordnung
Es sind zu berechnen:

Für	Von d. Geb. nach § 32 der KostO
Abänderungen (§ 42), wie für die abgeänderte Erklärung höchstens	10/10
Abmarkungen (§ 50/2)	10/10
Abschriftenbeglaubigung (§ 55) – soweit nicht § 132 gilt – je Seite 1,— DM, mindestens Mindestgebühr	
Abtretungen (§ 36/1)	10/10
falls zugleich die Annahme erklärt wird (§ 36/2)	20/10
Abtretung von Geschäftsanteilen einer GmbH. (§ 15 GmbHGes.) (§ 36/2)	20/10
(ist das Verpflichtungsgeschäft bereits beurkundet, Gebühr § 38 Abs. 2 Ziff. 6 = 5/10)	
Anerkennung des Inhalts schriftlicher Erklärungen, wie die Gebühr für diese (§ 43)	5/10
Annahme eines Vertragsantrags (§ 38 Abs. 2 Ziff. 2)	5/10
Anmeldung zum Handelsregister oder sonstigen Registern (§ 38 Abs. 2 Ziff. 7), Wert höchstens 1 Mill. DM (§ 26/10)	5/10
Anträge auf Eintragungen ins Grundbuch (§ 38 Abs. 2 Ziff. 5)	5/10
Anträge und **Beschwerden** durch Notar (§ 146/2)	5/10
Auflassungsbeurkundungen (§ 38 Abs. 2 Ziff. 6)	5/10
Aufhebung eines nicht erfüllten Vertrages (§ 38 Abs. 2 Ziff. 3)	5/10
Aufsuchen von Urkunden, gebührenfrei (§ 147/3)	
Auseinandersetzungsvermittlung siehe ergänzende Bemerkungen zur Tabelle Ziff. 7	
Außerhalb der Geschäftsräume, Amtshandlungen (§ 58)	5/10
Höchstgebühr 60 DM, aber nicht mehr als die Gebühr für das Geschäft selbst (Anrechnung des Abwesenheitsgeldes § 153). Bei Vornahme mehrerer selbständiger Geschäfte für jedes Geschäft besonders, auch wenn in dem gleichen auswärtigen Termin erledigt (siehe Text)	
Beglaubigung von Unterschriften und Handzeichen (§ 45) höchstens 250 DM	1/4
Bescheinigung über Tatsachen (§ 50)	10/10
Bescheinigung nach § 22 a der BundesNotO (§ 150/2) = 50 DM	
Bescheinigung nach § 21 der BundesNotO (§ 150) = Mindestgebühr	
Beurkundungen an Sonn- und Feiertagen sowie außerhalb der Zeit von 8 bis 18 Uhr, an Sonnabenden nach 13 Uhr (§ 58/3)	5/10
höchstens 60 DM, aber nicht mehr als die Gebühr für das Geschäft selbst	
Eidesstattliche Versicherungen und Eidesabnahme (§ 49/1)	10/10
Eidesstattliche Versicherungen zur Erlangung eines **Erbscheins** (§ 49/1)	10/10
Einseitige Erklärungen (§ 36/1)	10/10
Einsicht von Grundbuch, Akten usw., falls nicht nur Nebengeschäft (§ 147/2)	5/10
Eintragungsanträge für Grundbuch und Schiffsregister (§ 38 Abs. 2 Ziff. 5)	5/10
Entwurf einer Urkunde, wie für diese selbst (§ 145)	
(siehe auch RGBl. I 1940, 882)	
Erbbaurechte Geschäftswert (§ 21)	
Erbschaftsausschlagung (§ 38 Abs. 3, § 112/3)	1/4
Erbverträge (§ 46/1)	20/10
Erbscheinsverhandlungen (eidesstattl. Versich.) (§ 49/1)	10/10

Alphabetisches Verzeichnis für Notariatsgebühren usw.

Für	Von d. Geb. nach § 32 der KostO
Erfolglose Verhandlung (§ 57) Höchstgebühr 100 DM	5/10
Ergänzungen (§ 42) wie ergänzte Erklärung, höchstens	10/10
Fälle, für die eine besondere Gebühr nicht bestimmt ist (§ 147)	5/10
Fremdsprachige Beurkundungen, Zusatzgebühr, die Hälfte der für die Beurkundung erwachsenen Gebühr, höchstens 60 DM (§ 59)	
Generalversammlungen, Aufsichtsratssitzungen usw. (§ 47) Höchstgebühr 10 000 DM	20/10
Grundbuchanträge (§ 38 Abs. 1 Ziff. 5)	5/10
Handelsregisteranmeldungen (§ 38 Abs. 2 Ziff. 7), Wert § 26	5/10
Legalisationen, Notar erhält keine Gebühr (§ 146/4)	
Letztwillige Verfügungen siehe Testamente und Erbverträge	
Löschungsbewilligungen (ohne gleichzeitige Quittung über die Forderung) (§ 38 Abs. 2 Ziff. 5)	5/10
Mehrere Erklärungen in einer Urkunde siehe § 44	
Nachtzeit, Beurkundung zur ... (§ 58/3) Höchstgebühr 60 DM und nicht mehr als die Gebühr für das Geschäft selbst	5/10
Nicht vollzogene Geschäfte (§ 57) Höchstens 100 DM und nicht mehr als die Gebühr für das Geschäft selbst	5/10
Notarzuziehung statt Zeugen (§ 151/1) Bei Zuziehung ohne ausdrückliches Verlangen der Beteiligten nicht mehr als 2,50 DM für die Stunde (§ 151/2)	5/10
Pfandentlassungen (§ 38 Abs. 2 Ziff. 5)	5/10
Proteste (nach HGB und Binnenschiffsgesetz) (§ 50 Abs. 1 Ziff. 3)	10/10
Proteste über Wechsel und Schecks (§ 51/1)	5/10
Protestgebühr für jede Notadresse (§ 51/4)	1/4
Protestwegegebühr (§ 51/2) = 3 DM	
Raterteilungen, falls nicht durch die Gebühr für das Hauptgeschäft abgegolten (§ 147/2)	5/10
Schätzungsaufnahme (§ 50 Abs. 1 Ziff. 4)	10/10
Schätzungsaufnahme bei freiwilligen Versteigerungen (§ 53 Abs. 1 Ziff. 2)	5/10
Sicherstellung der Zeit der Ausstellung einer Urkunde (§ 56) = 15 bis 35 DM	
Siegelungen (§ 52) bis zur Dauer von 2 Stunden darüber hinaus für jede Stunde = Mindestgebühr	5/10
Sonntag, Beurkundungen am ... (§ 58/3) Höchstgebühr 60 DM und nicht mehr als die Gebühr für das Geschäft selbst	5/10
Tatsachenbescheinigungen (§ 50 Abs. 1 Ziff. 1)	10/10
Teilhypothekenbriefe § 71	1/4
Termin, vereitelter, siehe erfolglose Verhandlung	
Testamente (§ 46/1)	10/10
Testamente, gemeinschaftliche (§ 46/1)	20/10
Testamentswiderruf ohne Neuerrichtung (§ 46/2)	5/10
Unterbleiben der Beurkundung nach Verhandlung siehe erfolglose Verhandlung	
Unterschriftbeglaubigungen (§ 45) Höchstgebühr 250 DM	1/4
Verklarungen (§ 50/2) Mindestgebühr 20 DM	20/10
Nachträgliche Ergänzungen derselben (§ 50/2) Mindestgebühr 15 DM	10/10
Verlosungen (§ 48) Beurkundung des Hergangs	20/10
Einzählen der Lose. Wert (§ 48/3)	5/10

Alphabetisches Verzeichnis für Notariatsgebühren usw.

Für	Von d. Geb. nach § 32 der KostO
Vermögensverzeichnis – siehe Siegelungen – (§ 52)	5/10
Verpflichtung zur Übertragung des Eigentums an Grundstücken (§ 38/1)	10/10
Versteigerungstermin, Abhaltung (§ 53 Abs. 1 Ziff. 3)	10/10
Versteigerungstermin, Vorbereitung (§ 53 Abs. 1 Ziff. 1)	5/10
Versteigerung, Zuschlagsbeurkundung (§ 53 Abs. 1 Ziff. 4)	10/10
Verträge (§ 36/2)	20/10
Vertragsanträge (§ 37)	15/10
Vollmachten und deren Widerruf (§ 38 Abs. 2 Ziff. 4)	5/10
Wert § 41	
Vollstreckungsklausel, Erteilung im Falle §§ 726–729 ZPO (§ 133)	5/10
Vollzugsgebühr bei Grundstücks- und Erbbaurechtsveräußerungen sowie Erbbaurechtsbestellung (§ 146/1)	5/10
Vollzugsgebühr bei Nur-Beglaubigungen (§ 146/3)	1/4
Vorrangseinräumungen ohne materiell-rechtlichen Zusatz (§ 38 Abs. 2 Ziff. 5)	5/10
Wahlversammlungen (§ 48/1)	20/10
Wert § 48/3	
Wechselproteste (§ 51/1)	5/10
Zusatzgebühr für jeden Weg = 3 DM	
Zusatzgebühr für jede Notadresse	1/4
Wohnungseigentum Geschäftswert § 21	
Zeugenvernehmung (§ 49/1)	10/10
Zustimmung einzelner Teilnehmer (§ 38 Abs. 2 Ziff. 1)	5/10
Wert = Anteil des Teilnehmers (§ 40)	
Zustimmungserklärung zur Anerkennung der Vaterschaft, zur Ehelicherklärung oder zur Annahme als Kind (§ 38 Abs. 4)	1/4

Reisekosten für Rechtsanwälte und Notare

I. Rechtsanwälte

Tage und Abwesenheitsgeld:

Dauer der Reise:	nicht mehr als 4 Stunden	25 DM
	4–8 Stunden	50 DM
	mehr als 8 Stunden	95 DM

Bei Auslandsreisen Zuschlag von 50%.
Außerdem besteht Anspruch auf Übernachtungskosten.

Fahrtkosten

Bei Benutzung des eigenen Kraftwagens 0,45 DM für jeden angefangenen Kilometer des Hin- und Rückweges. Bei Benutzung anderer Verkehrsmittel sind die tatsächlichen Aufwendungen zu erstatten.

II. Notare, denen die Gebühren für die Tätigkeit selbst zufließen:

gleicher Kostenersatz wie bei den Rechtsanwälten – siehe Ziff. I.

III. Notare, deren Gebühren der Staatskasse zufließen

Reisekosten nach den für Bundesbeamte der Reisekostenstufe B geltenden Vorschriften –

Alphabet. Verzeichnis f. Notariatsgebühren usw.

Für eintägige Dienstreise über 12 Stunden	=	28,— DM
6– 8 Stunden 3/10 dieses Satzes	=	8,40 DM
8–12 Stunden 5/10 dieses Satzes	=	14,— DM

Das Tagegeld für eine mehrtägige Dienstreise beträgt 39 DM, das Übernachtungsgeld 33 DM.

Fahrtkosten

gleicher Kostenersatz wie Rechtsanwälte Ziff. I.
Die Fahrtkostenentschädigung ist stets zu gewähren, wenn der Hin- und Rückweg nicht mehr als 200 km beträgt oder der Notar Fahrtkosten für nicht mehr als 200 km verlangt.

Mehrwert-(Umsatz)Steuer

Von der Aufnahme einer Mehrwertsteuertabelle wurde abgesehen, da bei dem heute üblichen Einsatz der Rechner die Mehrwertsteuer leicht errechnet werden kann.

Sie beträgt	seit dem	1. 7. 1983	=	14 %
	seit dem	1. 1. 1982	=	13 %
	ab dem	1. 7. 1979	=	6,5 %
	ab dem	1. 1. 1978	=	6 %
	ab	1. 1. 1969	=	5,5 %

Hebegebühr

nach § 22 der Bundesgebührenordnung für Rechtsanwälte
und
§ 149 der Kostenordnung in der Fassung vom 20. August 1975 BGBl. I S. 2189

Die Hebegebühr beträgt bei Beträgen
bis zu 5000 DM einschl. .... 1 v. H.
von dem Mehrbetrage bis zu 20 000 DM einschl. .... 0,5 v. H.
von dem Mehrbetrage über 20 000 DM .... 0,25 v. H.

Die Gebühr ist bei der Auszahlung oder Rückzahlung zu erheben. Bei Auszahlung in Teilbeträgen ist sie von jedem Teilbetrag zu berechnen.
Pfennigbeträge sind auf volle zehn Deutsche Pfennig aufzurunden (§ 33).

Wert bis einschl. DM	Hebegebühr DM	Wert bis einschl. DM	Hebegebühr DM	Wert bis einschl. DM	Hebegebühr DM	Wert bis einschl. DM	Hebegebühr DM
100	1,—	400	4,—	700	7,—	1000	10,—
110	1,10	410	4,10	710	7,10	1010	10,10
120	1,20	420	4,20	720	7,20	1020	10,20
130	1,30	430	4,30	730	7,30	1030	10,30
140	1,40	440	4,40	740	7,40	1040	10,40
150	1,50	450	4,50	750	7,50	1050	10,50
160	1,60	460	4,60	760	7,60	1060	10,60
170	1,70	470	4,70	770	7,70	1070	10,70
180	1,80	480	4,80	780	7,80	1080	10,80
190	1,90	490	4,90	790	7,90	1090	10,90
200	2,—	500	5,—	800	8,—	1100	11,—
210	2,10	510	5,10	810	8,10	1110	11,10
220	2,20	520	5,20	820	8,20	1120	11,20
230	2,30	530	5,30	830	8,30	1130	11,30
240	2,40	540	5,40	840	8,40	1140	11,40
250	2,50	550	5,50	850	8,50	1150	11,50
260	2,60	560	5,60	860	8,60	1160	11,60
270	2,70	570	5,70	870	8,70	1170	11,70
280	2,80	580	5,80	880	8,80	1180	11,80
290	2,90	590	5,90	890	8,90	1190	11,90
300	3,—	600	6,—	900	9,—	1200	12,—
310	3,10	610	6,10	910	9,10	1210	12,10
320	3,20	620	6,20	920	9,20	1220	12,20
330	3,30	630	6,30	930	9,30	1230	12,30
340	3,40	640	6,40	940	9,40	1240	12,40
350	3,50	650	6,50	950	9,50	1250	12,50
360	3,60	660	6,60	960	9,60	1260	12,60
370	3,70	670	6,70	970	9,70	1270	12,70
380	3,80	680	6,80	980	9,80	1280	12,80
390	3,90	690	6,90	990	9,90	1290	12,90

Hebegebühr

Wert bis einschl. DM	Hebegebühr DM	Wert bis einschl. DM	Hebegebühr DM	Wert bis einschl. DM	Hebegebühr DM	Wert bis einschl. DM	Hebegebühr DM
1300	13,—	1650	16,50	2000	20,—	2350	23,50
1310	13,10	1660	16,60	2010	20,10	2360	23,60
1320	13,20	1670	16,70	2020	20,20	2370	23,70
1330	13,30	1680	16,80	2030	20,30	2380	23,80
1340	13,40	1690	16,90	2040	20,40	2390	23,90
1350	13,50	1700	17,—	2050	20,50	2400	24,—
1360	13,60	1710	17,10	2060	20,60	2410	24,10
1370	13,70	1720	17,20	2070	20,70	2420	24,20
1380	13,80	1730	17,30	2080	20,80	2430	24,30
1390	13,90	1740	17,40	2090	20,90	2440	24,40
1400	14,—	1750	17,50	2100	21,—	2450	24,50
1410	14,10	1760	17,60	2110	21,10	2460	24,60
1420	14,20	1770	17,70	2120	21,20	2470	24,70
1430	14,30	1780	17,80	2130	21,30	2480	24,80
1440	14,40	1790	17,90	2140	21,40	2490	24,90
1450	14,50	1800	18,—	2150	21,50	2500	25,—
1460	14,60	1810	18,10	2160	21,60	2510	25,10
1470	14,70	1820	18,20	2170	21,70	2520	25,20
1480	14,80	1830	18,30	2180	21,80	2530	25,30
1490	14,90	1840	18,40	2190	21,90	2540	25,40
1500	15,—	1850	18,50	2200	22,—	2550	25,50
1510	15,10	1860	18,60	2210	22,10	2560	25,60
1520	15,20	1870	18,70	2220	22,20	2570	25,70
1530	15,30	1880	18,80	2230	22,30	2580	25,80
1540	15,40	1890	18,90	2240	22,40	2590	25,90
1550	15,50	1900	19,—	2250	22,50	2600	26,—
1560	15,60	1910	19,10	2260	22,60	2610	26,10
1570	15,70	1920	19,20	2270	22,70	2620	26,20
1580	15,80	1930	19,30	2280	22,80	2630	26,30
1590	15,90	1940	19,40	2290	22,90	2640	26,40
1600	16,—	1950	19,50	2300	23,—	2650	26,50
1610	16,10	1960	19,60	2310	23,10	2660	26,60
1620	16,20	1970	19,70	2320	23,20	2670	26,70
1630	16,30	1980	19,80	2330	23,30	2680	26,80
1640	16,40	1990	19,90	2340	23,40	2690	26,90

Hebegebühr

Wert bis einschl. DM	Hebegebühr DM	Wert bis einschl. DM	Hebegebühr DM	Wert bis einschl. DM	Hebegebühr DM	Wert bis einschl. DM	Hebegebühr DM
2700	27,—	3050	30,50	3400	34,—	3750	37,50
2710	27,10	3060	30,60	3410	34,10	3760	37,60
2720	27,20	3070	30,70	3420	34,20	3770	37,70
2730	27,30	3080	30,80	3430	34,30	3780	37,80
2740	27,40	3090	30,90	3440	34,40	3790	37,90
2750	27,50	3100	31,—	3450	34,50	3800	38,—
2760	27,60	3110	31,10	3460	34,60	3810	38,10
2770	27,70	3120	31,20	3470	34,70	3820	38,20
2780	27,80	3130	31,30	3480	34,80	3830	38,30
2790	27,90	3140	31,40	3490	34,90	3840	38,40
2800	28,—	3150	31,50	3500	35,—	3850	38,50
2810	28,10	3160	31,60	3510	35,10	3860	38,60
2820	28,20	3170	31,70	3520	35,20	3870	38,70
2830	28,30	3180	31,80	3530	35,30	3880	38,80
2840	28,40	3190	31,90	3540	35,40	3890	38,90
2850	28,50	3200	32,—	3550	35,50	3900	39,—
2860	28,60	3210	32,10	3560	35,60	3910	39,10
2870	28,70	3220	32,20	3570	35,70	3920	39,20
2880	28,80	3230	32,30	3580	35,80	3930	39,30
2890	28,90	3240	32,40	3590	35,90	3940	39,40
2900	29,—	3250	32,50	3600	36,—	3950	39,50
2910	29,10	3260	32,60	3610	36,10	3960	39,60
2920	29,20	3270	32,70	3620	36,20	3970	39,70
2930	29,30	3280	32,80	3630	36,30	3980	39,80
2940	29,40	3290	32,90	3640	36,40	3990	39,90
2950	29,50	3300	33,—	3650	36,50	4000	40,—
2960	29,60	3310	33,10	3660	36,60	4010	40,10
2970	29,70	3320	33,20	3670	36,70	4020	40,20
2980	29,80	3330	33,30	3680	36,80	4030	40,30
2990	29,90	3340	33,40	3690	36,90	4040	40,40
3000	30,—	3350	33,50	3700	37,—	4050	40,50
3010	30,10	3360	33,60	3710	37,10	4060	40,60
3020	30,20	3370	33,70	3720	37,20	4070	40,70
3030	30,30	3380	33,80	3730	37,30	4080	40,80
3040	30,40	3390	33,90	3740	37,40	4090	40,90

Hebegebühr

Wert bis einschl. DM	Hebegebühr DM	Wert bis einschl. DM	Hebegebühr DM	Wert bis einschl. DM	Hebegebühr DM	Wert bis einschl. DM	Hebegebühr DM
4100	41,—	4450	44,50	4800	48,—	5300	51,50
4110	41,10	4460	44,60	4810	48,10	5320	51,60
4120	41,20	4470	44,70	4820	48,20	5340	51,70
4130	41,30	4480	44,80	4830	48,30	5360	51,80
4140	41,40	4490	44,90	4840	48,40	5380	51,90
4150	41,50	4500	45,—	4850	48,50	5400	52,—
4160	41,60	4510	45,10	4860	48,60	5420	52,10
4170	41,70	4520	45,20	4870	48,70	5440	52,20
4180	41,80	4530	45,30	4880	48,80	5460	52,30
4190	41,90	4540	45,40	4890	48,90	5480	52,40
4200	42,—	4550	45,50	4900	49,—	5500	52,50
4210	42,10	4560	45,60	4910	49,10	5520	52,60
4220	42,20	4570	45,70	4920	49,20	5540	52,70
4230	42,30	4580	45,80	4930	49,30	5560	52,80
4240	42,40	4590	45,90	4940	49,40	5580	52,90
4250	42,50	4600	46,—	4950	49,50	5600	53,—
4260	42,60	4610	46,10	4960	49,60	5620	53,10
4270	42,70	4620	46,20	4970	49,70	5640	53,20
4280	42,80	4630	46,30	4980	49,80	5660	53,30
4290	42,90	4640	46,40	4990	49,90	5680	53,40
4300	43,—	4650	46,50	5000	50,—	5700	53,50
4310	43,10	4660	46,60	5020	50,10	5720	53,60
4320	43,20	4670	46,70	5040	50,20	5740	53,70
4330	43,30	4680	46,80	5060	50,30	5760	53,80
4340	43,40	4690	46,90	5080	50,40	5780	53,90
4350	43,50	4700	47,—	5100	50,50	5800	54,—
4360	43,60	4710	47,10	5120	50,60	5820	54,10
4370	43,70	4720	47,20	5140	50,70	5840	54,20
4380	43,80	4730	47,30	5160	50,80	5860	54,30
4390	43,90	4740	47,40	5180	50,90	5880	54,40
4400	44,—	4750	47,50	5200	51,—	5900	54,50
4410	44,10	4760	47,60	5220	51,10	5920	54,60
4420	44,20	4770	47,70	5240	51,20	5940	54,70
4430	44,30	4780	47,80	5260	51,30	5960	54,80
4440	44,40	4790	47,90	5280	51,40	5980	54,90

Hebe-gebühr

Hebegebühr

Wert bis einschl. DM	Hebegebühr DM	Wert bis einschl. DM	Hebegebühr DM	Wert bis einschl. DM	Hebegebühr DM	Wert bis einschl. DM	Hebegebühr DM
6000	55,—	6700	58,50	7400	62,—	8100	65,50
6020	55,10	6720	58,60	7420	62,10	8120	65,60
6040	55,20	6740	58,70	7440	62,20	8140	65,70
6060	55,30	6760	58,80	7460	62,30	8160	65,80
6080	55,40	6780	58,90	7480	62,40	8180	65,90
6100	55,50	6800	59,—	7500	62,50	8200	66,—
6120	55,60	6820	59,10	7520	62,60	8220	66,10
6140	55,70	6840	59,20	7540	62,70	8240	66,20
6160	55,80	6860	59,30	7560	62,80	8260	66,30
6180	55,90	6880	59,40	7580	62,90	8280	66,40
6200	56,—	6900	59,50	7600	63,—	8300	66,50
6220	56,10	6920	59,60	7620	63,10	8320	66,60
6240	56,20	6940	59,70	7640	63,20	8340	66,70
6260	56,30	6960	59,80	7660	63,30	8360	66,80
6280	56,40	6980	59,90	7680	63,40	8380	66,90
6300	56,50	7000	60,—	7700	63,50	8400	67,—
6320	56,60	7020	60,10	7720	63,60	8420	67,10
6340	56,70	7040	60,20	7740	63,70	8440	67,20
6360	56,80	7060	60,30	7760	63,80	8460	67,30
6380	56,90	7080	60,40	7780	63,90	8480	67,40
6400	57,—	7100	60,50	7800	64,—	8500	67,50
6420	57,10	7120	60,60	7820	64,10	8520	67,60
6440	57,20	7140	60,70	7840	64,20	8540	67,70
6460	57,30	7160	60,80	7860	64,30	8560	67,80
6480	57,40	7180	60,90	7880	64,40	8580	67,90
6500	57,50	7200	61,—	7900	64,50	8600	68,—
6520	57,60	7220	61,10	7920	64,60	8620	68,10
6540	57,70	7240	61,20	7940	64,70	8640	68,20
6560	57,80	7260	61,30	7960	64,80	8660	68,30
6580	57,90	7280	61,40	7980	64,90	8680	68,40
6600	58,—	7300	61,50	8000	65,—	8700	68,50
6620	58,10	7320	61,60	8020	65,10	8720	68,60
6640	58,20	7340	61,70	8040	65,20	8740	68,70
6660	58,30	7360	61,80	8060	65,30	8760	68,80
6680	58,40	7380	61,90	8080	65,40	8780	68,90

Hebegebühr

Wert bis einschl. DM	Hebegebühr DM	Wert bis einschl. DM	Hebegebühr DM	Wert bis einschl. DM	Hebegebühr DM	Wert bis einschl. DM	Hebegebühr DM
8800	69,—	9500	72,50	10200	76,—	10900	79,50
8820	69,10	9520	72,60	10220	76,10	10920	79,60
8840	69,20	9540	72,70	10240	76,20	10940	79,70
8860	69,30	9560	72,80	10260	76,30	10960	79,80
8880	69,40	9580	72,90	10280	76,40	10980	79,90
8900	69,50	9600	73,—	10300	76,50	11000	80,—
8920	69,60	9620	73,10	10320	76,60	11020	80,10
8940	69,70	9640	73,20	10340	76,70	11040	80,20
8960	69,80	9660	73,30	10360	76,80	11060	80,30
8980	69,90	9680	73,40	10380	76,90	11080	80,40
9000	70,—	9700	73,50	10400	77,—	11100	80,50
9020	70,10	9720	73,60	10420	77,10	11120	80,60
9040	70,20	9740	73,70	10440	77,20	11140	80,70
9060	70,30	9760	73,80	10460	77,30	11160	80,80
9080	70,40	9780	73,90	10480	77,40	11180	80,90
9100	70,50	9800	74,—	10500	77,50	11200	81,—
9120	70,60	9820	74,10	10520	77,60	11220	81,10
9140	70,70	9840	74,20	10540	77,70	11240	81,20
9160	70,80	9860	74,30	10540	77,70	11240	81,30
9180	70,90	9880	74,40	10580	77,90	11280	81,40
9200	71,—	9900	74,50	10600	78,—	11300	81,50
9220	71,10	9920	74,60	10620	78,10	11320	81,60
9240	71,20	9940	74,70	10640	78,20	11340	81,70
9260	71,30	9960	74,80	10660	78,30	11360	81,80
9280	71,40	9980	74,90	10680	78,40	11380	81,90
9300	71,50	10000	75,—	10700	78,50	11400	82,—
9320	71,60	10020	75,10	10720	78,60	11420	82,10
9340	71,70	10040	72,20	10740	78,70	11440	82,20
9360	71,80	10060	75,30	10760	78,80	11460	82,30
9380	71,90	10080	75,40	10780	78,90	11480	82,40
9400	72,—	10100	75,50	10800	79,—	11500	82,50
9420	72,10	10120	75,60	10820	79,10	11520	82,60
9440	72,20	10140	75,70	10840	79,20	11540	82,70
9460	72,30	10160	75,80	10860	79,30	11560	82,80
9480	72,40	10180	75,90	10880	79,40	11580	82,90

Hebegebühr

Hebegebühr

Wert bis einschl. DM	Hebegebühr DM	Wert bis einschl. DM	Hebegebühr DM	Wert bis einschl. DM	Hebegebühr DM	Wert bis einschl. DM	Hebegebühr DM
11600	83,—	12300	86,50	13000	90,—	13700	93,50
11620	83,10	12320	86,60	13020	90,10	13720	93,60
11640	83,20	12340	86,70	13040	90,20	13740	93,70
11660	83,30	12360	86,80	13060	90,30	13760	93,80
11680	83,40	12380	86,90	13080	90,40	13780	93,90
11700	83,50	12400	87,—	13100	90,50	13800	94,—
11720	83,60	12420	87,10	13120	90,60	13820	94,10
11740	83,70	12440	87,20	13140	90,70	13840	94,20
11760	83,80	12460	87,30	13160	90,80	13860	94,30
11780	83,90	12480	87,40	13180	90,90	13880	94,40
11800	84,—	12500	87,50	13200	91,—	13900	94,50
11820	84,10	12520	87,60	13220	91,10	13920	94,60
11840	84,20	12540	87,70	13240	91,20	13940	94,70
11860	84,30	12560	87,80	13260	91,30	13960	94,80
11880	84,40	12580	87,90	13280	91,40	13980	94,90
11900	84,50	12600	88,—	13300	91,50	14000	95,—
11920	84,60	12620	88,10	13320	91,60	14020	95,10
11940	84,70	12640	88,20	13340	91,70	14040	95,20
11960	84,80	12660	88,30	13360	91,80	14060	95,30
11980	84,90	12680	88,40	13380	91,90	14080	95,40
12000	85,—	12700	88,50	13400	92,—	14100	95,50
12020	85,10	12720	88,60	13420	92,10	14120	95,60
12040	85,20	12740	88,70	13440	92,20	14140	95,70
12060	85,30	12760	88,80	13460	92,30	14160	95,80
12080	85,40	12780	88,90	13480	92,40	14180	95,90
12100	85,50	12800	89,—	13500	92,50	14200	96,—
12120	85,60	12820	89,10	13520	92,60	14220	96,10
12140	85,70	12840	89,20	13540	92,70	14240	96,20
12160	85,80	12860	89,30	13560	92,80	14260	96,30
12180	85,90	12880	89,40	13580	92,90	14280	96,40
12200	86,—	12900	89,50	13600	93,—	14300	96,50
12220	86,10	12920	89,60	13620	93,10	14320	96,60
12240	86,20	12940	89,70	13640	93,20	14340	96,70
12260	86,30	12960	89,80	13660	93,30	14360	96,80
12280	86,40	12980	89,90	13680	93,40	14380	96,90

Hebegebühr

Wert bis einschl. DM	Hebegebühr DM	Wert bis einschl. DM	Hebegebühr DM	Wert bis einschl. DM	Hebegebühr DM	Wert bis einschl. DM	Hebegebühr DM
14400	97,—	15100	100,50	15800	104,—	16500	107,50
14420	97,10	15120	100,60	15820	104,10	16520	107,60
14440	97,20	15140	100,70	15840	104,20	16540	107,70
14460	97,30	15160	100,80	15860	104,30	16560	107,80
14480	97,40	15180	100,90	15880	104,40	16580	107,90
14500	97,50	15200	101,—	15900	104,50	16600	108,—
14520	97,60	15220	101,10	15920	104,60	16620	108,10
14540	97,70	15240	101,20	15940	104,70	16640	108,20
14560	97,80	15260	101,30	15960	104,80	16660	108,30
14580	97,90	15280	101,40	15980	104,90	16680	108,40
14600	98,—	15300	101,50	16000	105,—	16700	108,50
14620	98,10	15320	101,60	16020	105,10	16720	108,60
14640	98,20	15340	101,70	16040	105,20	16740	108,70
14660	98,30	15360	101,80	16060	105,30	16760	108,80
14680	98,40	15380	101,90	16080	105,40	16780	108,90
14700	98,50	15400	102,—	16100	105,50	16800	109,—
14720	98,60	15420	102,10	16120	105,60	16820	109,10
14740	98,70	15440	102,20	16140	105,70	16840	109,20
14760	98,80	15460	102,30	16160	105,80	16860	109,30
14780	98,90	15480	102,40	16180	105,90	16880	109,40
14800	99,—	15500	102,50	16200	106,—	16900	109,50
14820	99,10	15520	102,60	16220	106,10	16920	109,60
14840	99,20	15540	102,70	16240	106,20	16940	109,70
14860	99,30	15560	102,80	16260	106,30	16960	109,80
14880	99,40	15580	102,90	16280	106,40	16980	109,90
14900	99,50	15600	103,—	16300	106,50	17000	110,—
14920	99,60	15620	103,10	16320	106,60	17020	110,10
14940	99,70	15640	103,20	16340	106,70	17040	110,20
14960	99,80	15660	103,30	16360	106,80	17060	110,30
14980	99,90	15680	103,40	16380	106,90	17080	110,40
15000	100,—	15700	103,50	16400	107,—	17100	110,50
15020	100,10	15720	103,60	16420	107,10	17120	110,60
15040	100,20	15740	103,70	16440	107,20	17140	110,70
15060	100,30	15760	103,80	16460	107,30	17160	110,80
15080	100,40	15780	103,90	16480	107,40	17180	110,90

Hebegebühr

Hebegebühr

Wert bis einschl. DM	Hebegebühr DM	Wert bis einschl. DM	Hebegebühr DM	Wert bis einschl. DM	Hebegebühr DM	Wert bis einschl. DM	Hebegebühr DM
17200	111,—	17900	114,50	18600	118,—	19300	121,50
17220	111,10	17920	114,60	18620	118,10	19320	121,60
17240	111,20	17940	114,70	18640	118,20	19340	121,70
17260	111,30	17960	114,80	18660	118,30	19360	121,80
17280	111,40	17980	114,90	18680	118,40	19380	121,90
17300	111,50	18000	115,—	18700	118,50	19400	122,—
17320	111,60	18020	115,10	18720	118,60	19420	122,10
17340	111,70	18040	115,20	18740	118,70	19440	122,20
17360	111,80	18060	115,30	18760	118,80	19460	122,30
17380	111,90	18080	115,40	18780	118,90	19480	122,40
17400	112,—	18100	115,50	18800	119,—	19500	122,50
17420	112,10	18120	115,60	18820	119,10	19520	122,60
17440	112,20	18140	115,70	18840	119,20	19540	122,70
17460	112,30	18160	115,80	18860	119,30	19560	122,80
17480	112,40	18180	115,90	18880	119,40	19580	122,90
17500	112,50	18200	116,—	18900	119,50	19600	123,—
17520	112,60	18220	116,10	18920	119,60	19620	123,10
17540	112,70	18240	116,20	18940	119,70	19640	123,20
17560	112,80	18260	116,30	18960	119,80	19660	123,30
17580	112,90	18280	116,40	18980	119,90	19680	123,40
17600	113,—	18300	116,50	19000	120,—	19700	123,50
17620	113,10	18320	116,60	19020	120,10	19720	123,60
17640	113,20	18340	116,70	19040	120,20	19740	123,70
17660	113,30	18360	116,80	19060	120,30	19760	123,80
17680	113,40	18380	116,90	19080	120,40	19780	123,90
17700	113,50	18400	117,—	19100	120,50	19800	124,—
17720	113,60	18420	117,10	19120	120,60	19820	124,10
17740	113,70	18440	117,20	19140	120,70	19840	124,20
17760	113,80	18460	117,30	19160	120,80	19860	124,30
17780	113,90	18470	117,40	19180	120,90	19880	124,40
17800	114,—	18500	117,50	19200	121,—	19900	124,50
17820	114,10	18520	117,60	19220	121,10	19920	124,60
17840	114,20	18540	117,70	19240	121,20	19940	124,70
17860	114,30	18560	117,80	19260	121,30	19960	124,80
17880	114,40	18580	117,90	19280	121,40	19980	124,90
						20000	125,—

Hebe-gebühr

bei Mehrbeträgen über 20 000 DM = 0,25 % + 75 DM.

Beispiel: Wert 46 420 DM		oder	1 % von 5 000 DM = 50,— DM
0,25 % von 46 420 DM =	116,05 DM		½ % von 15 000 DM = 75,— DM
(46 420 DM : 0,04) +	75,— DM		¼ % von 26 420 DM = 66,05 DM
	191,05 DM		191,05 DM
aufgerundet auf volle 10 Dfg.	191,10 DM		191,10 DM

Gebührenbeträge in DM nach Anlage 1 Abschnitt A und D — DM

A. Bürgerliche Rechtsstreitigkeiten vor den ordentlichen Gerichten außer Verfahren der Zwangsversteigerung und Zwangsverwaltung.

Nr.		DM
	Abschnitt IV Ziffer 4: Zwangsvollstreckung aus Entscheidungen, öffentlichen Urkunden und Prozeßvergleichen aus einem anderen Vertragsstaat. Gesetz vom 29. 7. 1972 – BGBl. I S. 1328 –.	
1096	Verfahren über den Antrag, den Schuldtitel mit der Vollstr. Klausel zu versehen oder festzustellen, ob die Entscheidung anzuerkennen ist	120,—
1097	Verfahren über die Beschwerde gegen die Zulassung der Zwangsvollstr., die Feststellung der Anerkennung oder die Ablehnung des Antrags	180,—
1098	Verfahren über die Rechtsbeschwerde	240,—
	Abschnitt VI: Besondere Verfahren	
1149	Verfahren über Anträge auf gerichtl. Handlungen der Zwangsvollstreckung gem. § 829 I ZPO: Pfändung von Geldforderungen; § 835: Überweisung von Geldforderungen; § 839; §§ 846–848: Herausgabeansprüche; § 857: Zwangsvollstr. in andere Vermögensrechte; § 858: Zwangsvollstr. in Schiffspart; § 885 IV: Räumungsverkauf; § 886: Herausgabe bei Gewahrsam eines Dritten; mehrere Verfahren innerhalb eines Rechtszuges gelten als ein Verfahren, sofern sie denselben Anspruch oder denselben Gegenstand betreffen	15,—
1150	Verfahren nach § 765 a ZPO – Vollstreckungsschutz –	15,—
1151	Verfahren nach § 813 a ZPO – Verwertungsaussetzung –	15,—
1152	Verfahren über den Antrag auf Abnahme der eidesstattlichen Versicherung einschließlich der Verfahren über Anträge auf Erzwingung der Abgabe der eidesstattl. Vers.	25,—
1153	Erteilung der Abschrift eines mit eidesstattl. Vers. abgegebenen Vermögensverzeichnisses einschließlich der Niederschrift über die Abgabe der eidesstattl. Vers., soweit nicht bereits eine Gebühr nach Nr. 1152 zu erheben ist	25,—
	Abschnitt X: Zustellungsersuchen	
1175	Ersuchen durch die Geschäftsstelle an die Post um Bewirkung einer Zustellung (§ 196 ZPO), die nicht von Amts wegen erfolgt	2,—
	und, wenn eine nicht vom Gericht hergestellte Abschrift beglaubigt wird, je Seite	1,—
	D. Vergleichsverfahren zur Abwendung des Konkurses, Konkursverfahren, seerechtliches Verteilungsverfahren	
	Abschnitt II: Konkursverfahren	
1430	Prüfung von Forderungen in einem besonderen Prüfungstermin (§ 142 KO) je Gläubiger	20,—
	Abschnitt III: Seerechtliches Verteilungsverfahren	
1455	Prüfung von Forderungen in einem besonderen Prüfungstermin (§ 11 d. seerechtl. Verteilungsordnung) je Gläubiger	20,—

Gerichtskosten in der streitigen Gerichtsbarkeit

nach Anlage 2 zu § 11 II des Deutschen Gerichtskostengesetzes
vom 15. September 1975 (BGBl. I S. 3047)
in der Fassung der Bekanntmachung vom 9. Dezember 1986 (BGBl. I S. 2326)

Gültig ab 1. Januar 1987

Streitw. bis einschl. DM	10/10 DM	15/10 DM	20/10 DM	6/10 DM	5/10 DM	3/10 DM	3/4 DM	1/4 DM
300	15	22,50	30	15,—	15,—	15,—	15,—	15,—
600	24	36,—	48	15,—	15,—	15,—	18,—	15,—
900	33	49,50	66	19,80	16,50	15,—	24,80	15,—
1 200	42	63,—	84	25,20	21,—	15,—	31,50	15,—
1 500	51	76,50	102	30,60	25,50	15,30	38,30	15,—
1 800	60	90,—	120	36,—	30,—	18,—	45,—	15,—
2 100	69	103,50	138	41,40	34,50	20,70	51,80	17,30
2 400	78	117,—	156	46,80	39,—	23,40	58,50	19,50
2 700	87	130,50	174	52,20	43,50	26,10	65,30	21,80
3 000	96	144,—	192	57,60	48,—	28,80	72,—	24,—
3 500	105	157,50	210	63,—	52,50	31,50	78,80	26,30
4 000	114	171,—	228	68,40	57,—	34,20	85,50	28,50
4 500	123	184,50	246	73,80	61,50	36,90	92,30	30,80
5 000	132	198,—	264	79,20	66,—	39,60	99,—	33,—
5 500	141	211,50	282	84,60	70,50	42,30	105,80	35,30
6 000	150	225,—	300	90,—	75,—	45,—	112,50	37,50
6 500	159	238,50	318	95,40	79,50	47,70	119,30	39,80
7 000	168	252,—	336	100,80	84,—	50,40	126,—	42,—
7 500	177	265,50	354	106,20	88,50	53,10	132,80	44,30
8 000	186	279,—	372	111,60	93,—	55,80	139,50	46,50
8 500	195	292,50	390	117,—	97,50	58,50	146,30	48,80
9 000	204	306,—	408	122,40	102,—	61,20	153,—	51,—
9 500	213	319,50	426	127,80	106,50	63,90	159,80	53,30
10 000	222	333,—	444	133,20	111,—	66,60	166,50	55,50
11 000	234	351,—	468	140,40	117,—	70,20	175,50	58,50
12 000	246	369,—	492	147,60	123,—	73,80	184,50	61,50
13 000	258	387,—	516	154,80	129,—	77,40	193,50	64,50
14 000	270	405,—	540	162,—	135,—	81,—	202,50	67,50
15 000	282	423,—	564	169,20	141,—	84,60	211,50	70,50

Gerichtskosten

Streitw. bis einschl. DM	10/10 DM	15/10 DM	20/10 DM	6/10 DM	5/10 DM	3/10 DM	3/4 DM	1/4 DM
16 000	294	441,—	588	176,40	147,—	88,20	220,50	73,50
17 000	306	459,—	612	183,60	153,—	91,80	229,50	76,50
18 000	318	477,—	636	190,80	159,—	95,40	238,50	79,50
19 000	330	495,—	660	198,—	165,—	99,—	247,50	82,50
20 000	342	513,—	684	205,20	171,—	102,60	256,50	85,50
25 000	378	567,—	756	226,80	189,—	113,40	283,50	94,50
30 000	414	621,—	828	248,40	207,—	124,20	310,50	103,50
35 000	450	675,—	900	270,—	225,—	135,—	337,50	112,50
40 000	486	729,—	972	291,60	243,—	145,80	364,50	121,50
45 000	522	783,—	1 044	313,20	261,—	156,60	391,50	130,50
50 000	558	837	1 116	334,80	279	167,40	418,50	139,50
55 000	594	891	1 188	356,40	297	178,20	445,50	148,50
60 000	630	945	1 260	378,—	315	189,—	472,50	157,50
65 000	666	999	1 332	399,60	333	199,80	499,50	166,50
70 000	702	1 053	1 404	421,20	351	210,60	526,50	175,50
75 000	738	1 107	1 476	442,80	369	221,40	553,50	184,50
80 000	774	1 161	1 548	464,40	387	232,20	580,50	193,50
85 000	810	1 215	1 620	486,—	405	243,—	607,50	202,50
90 000	846	1 269	1 692	507,60	423	253,80	634,50	211,50
95 000	882	1 323	1 764	529,20	441	264,60	661,50	220,50
100 000	918	1 377	1 836	550,80	459	275,40	688,50	229,50
115 000	1 008	1 512	2 016	604,80	504	302,40	756,—	252,—
130 000	1 098	1 647	2 196	658,80	549	329,40	823,50	274,50
145 000	1 188	1 782	2 376	712,80	594	356,40	891,—	297,—
160 000	1 278	1 917	2 556	766,80	639	383,40	958,50	319,50
175 000	1 368	2 052	2 736	820,80	684	410,40	1 026,—	342,—
190 000	1 458	2 187	2 916	874,80	729	437,40	1 093,50	364,50
205 000	1 548	2 322	3 096	928,80	774	464,40	1 161,—	387,—
220 000	1 638	2 457	3 276	982,80	819	491,40	1 228,50	409,50
235 000	1 728	2 592	3 456	1 036,80	864	518,40	1 296,—	432,—
250 000	1 818	2 727	3 636	1 090,80	909	545,40	1 363,50	454,50
265 000	1 908	2 862	3 816	1 144,80	954	572,40	1 431,—	477,—
280 000	1 998	2 997	3 996	1 198,80	999	599,40	1 498,50	499,50
295 000	2 088	3 132	4 176	1 252,80	1 044	626,40	1 566,—	522,—
310 000	2 178	3 267	4 356	1 306,80	1 089	653,40	1 633,50	544,50

Gerichtskosten

Streitw. bis einschl. DM	10/10 DM	15/10 DM	20/10 DM	6/10 DM	5/10 DM	3/10 DM	3/4 DM	1/4 DM
325 000	2 268	3 402	4 536	1 360,80	1 134	680,40	1 701,—	567,—
340 000	2 358	3 537	4 716	1 414,80	1 179	707,40	1 768,50	589,50
355 000	2 448	3 672	4 896	1 468,80	1 224	734,40	1 836,—	612,—
370 000	2 538	3 807	5 076	1 522,80	1 269	761,40	1 903,50	634,50
385 000	2 628	3 942	5 256	1 576,80	1 314	788,40	1 971,—	657,—
400 000	2 718	4 077	5 436	1 630,80	1 359	815,40	2 038,50	679,50
430 000	2 898	4 347	5 796	1 738,80	1 449	869,40	2 173,50	724,50
460 000	3 078	4 617	6 156	1 846,80	1 539	923,40	2 308,50	769,50
490 000	3 258	4 887	6 516	1 954,80	1 629	977,40	2 443,50	814,50
520 000	3 438	5 157	6 876	2 062,80	1 719	1 031,40	2 578,50	859,50
550 000	3 618	5 427	7 236	2 170,80	1 809	1 085,40	2 713,50	904,50
580 000	3 798	5 697	7 596	2 278,80	1 899	1 139,40	2 848,50	949,50
610 000	3 978	5 967	7 956	2 386,80	1 989	1 193,40	2 983,50	994,50
640 000	4 158	6 237	8 316	2 494,80	2 079	1 247,40	3 118,50	1 039,50
670 000	4 338	6 507	8 676	2 602,80	2 169	1 301,40	3 253,50	1 084,50
700 000	4 518	6 777	9 036	2 710,80	2 259	1 355,40	3 388,50	1 129,50
730 000	4 698	7 047	9 396	2 818,80	2 349	1 409,40	3 523,50	1 174,50
760 000	4 878	7 317	9 756	2 926,80	2 439	1 463,40	3 658,50	1 219,50
790 000	5 058	7 587	10 116	3 034,80	2 529	1 517,40	3 793,50	1 264,50
820 000	5 238	7 857	10 476	3 142,80	2 619	1 571,40	3 928,50	1 309,50
850 000	5 418	8 127	10 836	3 250,80	2 709	1 625,40	4 063,50	1 354,50
880 000	5 598	8 397	11 196	3 358,80	2 799	1 679,40	4 198,50	1 399,50
910 000	5 778	8 667	11 556	3 466,80	2 889	1 733,40	4 333,50	1 444,50
940 000	5 958	8 937	11 916	3 574,80	2 979	1 787,40	4 468,50	1 489,50
970 000	6 138	9 207	12 276	3 682,80	3 069	1 841,40	4 603,50	1 534,50
1 000 000	6 318	9 477	12 636	3 790,80	3 159	1 895,40	4 738,50	1 579,50
	die Erhöhung bei Werten über 1 Million							
für je 50 000	150,—	225,—	300,—	90,—	75,—	45,—	112,50	37,50

Gerichts-kosten GKG

z. B. bei der 10/10-Gebühr:

Wert: 1 050 000,— DM = 6 318,— DM + 150,— DM = 6 468,— DM

Wert: 1 247 000,— DM = 6 318,— DM + (5 × 150,—) = 7 068,— DM

Übergangsvorschriften: § 73 GKG

In Rechtsstreitigkeiten, die vor dem Inkrafttreten einer Gesetzesänderung **anhängig** geworden sind, werden die Kosten nach bisherigem Recht erhoben. Dies gilt nicht im Verfahren über ein Rechtsmittel, das nach dem Inkrafttreten einer Gesetzesänderung eingelegt worden ist.
In Strafsachen, in gerichtlichen Verfahren nach dem OWiG und nach dem Strafvollzugsgesetz werden die Kosten nach dem bisherigen Recht erhoben, wenn die über die Kosten ergehende Entscheidung **vor** dem Inkrafttreten einer Gesetzesänderung **rechtskräftig** geworden ist.
In Vergleichsverfahren zur Abwendung des Konkurses, Konkursverfahren, seerechtl. Verteilungsverfahren und Verfahren der Zwangsversteigerung und -verwaltung gilt das bisherige Recht für Kosten, die **vor** dem Inkrafttreten einer Gesetzesänderung **fällig** geworden sind.

Gebühren in Strafsachen, Privatklagen und im gerichtlichen Verfahren nach dem Gesetz über Ordnungswidrigkeiten

Auszug aus Anl. 1 zum GKG Abschnitt F und G, Nr. 1600 bis 1773
Der Auszug enthält nur die gebräuchlichsten Gebührenbestimmungen

F. Die Gebühren in Strafsachen und Privatklagen betragen für jeden Rechtszug:

Nr.		DM
1600	**Hauptverhandlung** mit Urteil	
	a) bei Verurteilung zu Freiheitsstrafe	
	bis zu 3 Monaten	60
	von mehr als 3 Monaten bis zu 6 Monaten	120
	von mehr als 6 Monaten bis zu 2 Jahren	240
	von mehr als 2 Jahren	360
	b. bei Verurteilung zu Geldstrafe	
	bis zu 90 Tagessätzen	60
	bis zu 180 Tagessätzen	120
	von mehr als 180 Tagessätzen	240
	c) bei Anordnung einer Maßregel der Besserung und Sicherung	60
1601	Verfahren bei **Strafbefehlen,** es sei denn, daß nach Einspruch durch Urteil entschieden wird	½ Geb.
	Privatklage, wenn der Beschuldigte nicht verurteilt worden, das Verfahren auch nicht wegen Geringfügigkeit eingestellt worden ist:	
	a. Verfahren im ersten Rechtszug	
1650	Hauptverhandlung mit Urteil	100
1651	Erledigung des Verfahrens ohne Urteil	25
	b. Berufungsverfahren	
1652	Berufungsverfahren mit Urteil, wenn der Privatkläger die Berufung eingelegt hat	100
1653	Erledigung der Berufung des Privatklägers ohne Urteil	25
	c. Revisionsverfahren	
1654	Revisionsverfahren mit Urteil, wenn der Privatkläger die Revision eingelegt hat	100
1655	Erledigung der Revision des Privatklägers ohne Urteil mit Ausnahme der Zurücknahme der Revision vor Ablauf der Begründungsfrist	25

G. Gebühren im gerichtlichen Verfahren nach dem Gesetz über Ordnungswidrigkeiten:

Gerichtskosten GKG

Nr.		
	I. Festsetzung einer Geldbuße nach Einspruch	
1700	Verfahren im ersten Rechtszug	10 % des Betrages der Geldbuße, höchstens 20 000 DM
1704	Rechtsbeschwerdeverfahren mit Urteil oder Beschluß nach § 79 V OWiG	wie Nr. 1700, wenn vom Gericht nicht anders bestimmt § 473 StPO i. V. m. § 46 I OWiG

1705	Erledigung der Rechtsbeschwerde ohne Urteil oder Beschluß nach § 79 V OWiG mit Ausnahme der Zurücknahme der Rechtsbeschwerde vor Ablauf der Begründungsfrist	¼ der unter Nr. 1700 aufgeführten Beträge, höchstens 5000 DM
	II. Verfahren nach Einspruch ohne Sachentscheidung	
1720	Zurücknahme oder Verwerfung des Einspruchs nach Beginn der Hauptverhandlung	½ der unter Nr. 1700 aufgeführten Beträge, höchstens 10 000 DM

Die Gebühr darf den Betrag der Buße nicht übersteigen.
Die Mindestgebühr gilt insoweit nicht.

Einige wichtige Bestimmungen

1. **Amtsgerichte** sind zuständig bis 5000 DM einschl. (§ 23 GVG)
   Zwangshypothek von 500 DM an (§ 866/3 ZPO).

2. **Berufungsmindestgrenze** (§ 511 a ZPO) .... mehr als 700 DM
   Berufungsmindestgrenze gegen Entscheidungen der Arbeitsgerichte (§ 64 ArbGerGes) .... mehr als 800 DM
   Revisionsmindestgrenze (§ 546 ZPO) .... mehr als 40 000 DM
   Beschwerdemindestgrenze gegen Kostenentscheidungen einschl. Beschlüsse nach § 91 a und § 99 ZPO (§ 567/2 ZPO) .... mehr als 100 DM

3. **Vorläufig vollstreckbar** ohne Sicherheitsleistung (§ 708/11 ZPO) Urteile bis 1500 DM einschl., auch alle Versäumnis- und Anerkenntnisurteile (§ 708 ZPO).

4. **Wertberechnung nach GKG.** Für die Gebührenberechnung ist der Wert
   a) bei Streitigkeiten über gesetzliche Unterhaltspflicht der beanspruchte einjährige Unterhaltsbetrag,
   b) bei Ansprüchen auf Geldrente wegen Tötung oder Verletzung des Körpers oder der Gesundheit eines Menschen der fünffache Jahresbetrag,
   c) bei Ansprüchen aus wiederkehrende Leistungen aus einem öffentlich-rechtlichen Dienst- oder Amtsverhältnis, einer Dienstpflicht oder einer Tätigkeit, die anstelle einer gesetzlichen Dienstpflicht geleistet werden kann, sowie bei Ansprüchen von Arbeitnehmern auf wiederkehrende Leistungen der dreifache Jahresbetrag,

   falls nicht der Gesamtbetrag der geforderten Leistungen geringer ist; Rückstände aus der Zeit vor der Einreichung der Klage werden dem Streitwert hinzugerechnet (§ 17 GKG).
   d) Bei Miet- und Pachtstreitigkeiten, wenn das Bestehen oder die Dauer streitig ist, der Mietzins der streitigen Mietzeit, höchstens der einjährige Mietzins; wenn wegen Beendigung des Miet- oder Pachtverhältnisses die Räumung verlangt wird, der einjährige Mietzins, ohne Rücksicht darauf, ob über das Bestehen des Nutzungsverhältnisses Streit besteht (§ 16 GKG);
   e) bei nichtvermögensrechtlichen Streitigkeiten nach Ermessen zu bestimmen, jedoch nicht über 2 Millionen, nicht unter 600 DM (§ 12/2 GKG);
   f) in Ehesachen ist für die Einkommensverhältnisse das in drei Monaten erzielte Nettoeinkommen der Eheleute einzusetzen. In Kindschaftssachen ist von einem Wert von 4000 DM auszugehen, in einer Scheidungsfolgesache nach § 623 Abs. 1, 4, § 621 Abs. 1 Nr. 1, 2 oder 3 ZPO von 1500 DM. In Ehesachen beträgt der Streitwert nicht unter 4000 DM (§ 12/2 GKG).
   g) Im Verfahren über den Versorgungsausgleich sind maßgebend
      1. in den Fällen der § 1587 b BGB der Jahresbetrag der Rente, die den zu übertragenden oder zu begründenden Rentenanwartschaften entspricht, mindestens jedoch 1000 DM,
      2. im Falle des § 1587 g Abs. 1 BGB der Jahresbetrag der Geldrente, mindestens jedoch 1000 DM (§ 17 a GKG).

Gebühren der Arbeitsgerichte

nach § 12 Abs. 2 des Arbeitsgerichtsgesetzes i. d. Fassung des Gesetzes vom 19. Dezember 1985 (BGBl. I S. 2355)

Teil I: I. Instanz (Arbeitsgerichte)

Streitwert bis einschl. DM	10/10 DM	5/10 DM	Streitwert bis einschl. DM	10/10 DM	5/10 DM
100	3	3,—	3 100	93	46,50
200	6	3,—	3 200	96	48,—
300	9	4,50	3 300	99	49,50
400	12	6,—	3 400	102	51,—
500	15	7,50	3 500	105	52,50
600	18	9,—	3 600	108	54,—
700	21	10,50	3 700	111	55,50
800	24	12,—	3 800	114	57,—
900	27	13,50	3 900	117	58,50
1 000	30	15,—	4 000	120	60,—
1 100	33	16,50	4 100	123	61,50
1 200	36	18,—	4 200	126	63,—
1 300	39	19,50	4 300	129	64,50
1 400	42	21,—	4 400	132	66,—
1 500	45	22,50	4 500	135	67,50
1 600	48	24,—	4 600	138	69,—
1 700	51	25,50	4 700	141	70,50
1 800	54	27,—	4 800	144	72,—
1 900	57	28,50	4 900	147	73,50
2 000	60	30,—	5 000	150	75,—
2 100	63	31,50	5 100	153	76,50
2 200	66	33,—	5 200	156	78,—
2 300	69	34,50	5 300	159	79,50
2 400	72	36,—	5 400	162	81,—
2 500	75	37,50	5 500	165	82,50
2 600	78	39,—	5 600	168	84,—
2 700	81	40,50	5 700	171	85,50
2 800	84	42,—	5 800	174	87,—
2 900	87	43,50	5 900	177	88,50
3 000	90	45,—	6 000	180	90,—

Arbeitsgerichte (I. Instanz)

Streitwert bis einschl. DM	10/10 DM	5/10 DM	Streitwert bis einschl. DM	10/10 DM	5/10 DM
6100	183	91,50	9600	288	144,—
6200	186	93,—	9700	291	145,50
6300	189	94,50	9800	294	147,—
6400	192	96,—	9900	297	148,50
6500	195	97,50	10000	300	150,—
6600	198	99,—	10100	303	151,50
6700	201	100,50	10200	306	153,—
6800	204	102,—	10300	309	154,40
6900	207	103,50	10400	312	156,—
7000	210	105,—	10500	315	157,50
7100	213	106,50	10600	318	159,—
7200	216	108,—	10700	321	160,50
7300	219	109,50	10800	324	162,—
7400	222	111,—	10900	327	163,50
7500	225	112,50	11000	330	165,—
7600	228	114,—	11100	333	166,50
7700	231	115,50	11200	336	168,—
7800	234	117,—	11300	339	169,50
7900	237	118,50	11400	342	171,—
8000	240	120,—	11500	345	172,50
8100	243	121,50	11600	348	174,—
8200	246	123,—	11700	351	175,50
8300	249	124,50	11800	354	177,—
8400	252	126,—	11900	357	178,50
8500	255	127,50	12000	360	180,—
8600	258	129,—	12100	363	181,50
8700	261	130,50	12200	366	183,—
8800	264	132,—	12300	369	184,50
8900	267	133,50	12400	372	186,—
9000	270	135,—	12500	375	187,50
9100	273	136,50	12600	378	189,—
9200	276	138,—	12700	381	190,50
9300	279	139,50	12800	384	192,—
9400	282	141,—	12900	387	193,50
9500	285	142,50	13000	390	195,—

Arbeitsgerichte (I. Instanz)

Streitwert bis einschl. DM	10/10 DM	5/10 DM	Streitwert bis einschl. DM	10/10 DM	5/10 DM
13100	393	196,50	15100	453	226,50
13200	396	198,—	15200	456	228,—
13300	399	199,50	15300	459	229,50
13400	402	201,—	15400	462	231,—
13500	405	202,50	15500	465	232,50
13600	408	204,—	15600	468	234,—
13700	411	205,50	15700	471	235,50
13800	414	207,—	15800	474	237,—
13900	417	208,50	15900	477	238,50
14000	420	210,—	16000	480	240,—
14100	423	211,50	16100	483	241,50
14200	426	213,—	16200	486	243,—
14300	429	214,50	16300	489	244,50
14400	432	216,—	16400	492	246,—
14500	435	217,50	16500	495	247,50
14600	438	219,—	16600	498	249,—
14700	441	220,50	über		
14800	444	222,—	16600	500	250,—
14900	447	223,50		(Höchstgebühren!)	
15000	450	225,—			

Gebühren der Arbeits- gerichte

Gebühren der Arbeitsgerichte

nach § 12 Abs. 3 des Arbeitsgerichtsgesetzes i. d. Fassung des Gesetzes
vom 20. August 1975 (BGBl. I S. 2189)

Gültig ab 15. September 1975

Teil II: Verfahren vor dem Landes- u. Bundesarbeitsgericht

Wert bis einschl. DM	16/10 DM	12/10 DM	8/10 DM	6/10 DM	4/10 DM	2/10 DM
300	24,—	18,—	15,—	15,—	15,—	15,—
600	38,40	28,80	19,20	15,—	15,—	15,—
900	52,80	39,60	26,40	19,80	15,—	15,—
1 200	67,20	50,40	33,60	25,20	16,80	15,—
1 500	81,60	61,20	40,80	30,60	20,40	15,—
1 800	96,—	72,—	48,—	36,—	24,—	15,—
2 100	110,40	82,80	55,20	41,40	27,60	15,—
2 400	124,80	93,60	62,40	46,80	31,20	15,60
2 700	139,20	104,40	69,60	52,20	34,80	17,40
3 000	153,60	115,20	76,80	57,60	38,40	19,20
3 500	168,—	126,—	84,—	63,—	42,—	21,—
4 000	182,40	136,80	91,20	68,40	45,60	22,80
4 500	196,80	147,60	98,40	73,80	49,20	24,60
5 000	211,20	158,40	105,60	79,20	52,80	26,40
5 500	225,60	169,20	112,80	84,60	56,40	28,20
6 000	240,—	180,—	120,—	90,—	60,—	30,—
6 500	254,40	190,80	127,20	95,40	63,60	31,80
7 000	268,80	201,60	134,40	100,80	67,20	33,60
7 500	283,20	212,40	141,60	106,20	70,80	35,40
8 000	297,60	223,20	148,80	111,60	74,40	37,20
8 500	312,—	234,—	156,—	117,—	78,—	39,—
9 000	326,40	244,80	163,20	122,40	81,60	40,80
9 500	340,80	255,60	170,40	127,80	85,20	42,60
10 000	355,20	266,40	177,60	133,20	88,80	44,40
11 000	374,40	280,80	187,20	140,40	93,60	46,80
12 000	393,60	295,20	196,80	147,60	98,40	49,20
13 000	412,80	309,60	206,40	154,80	103,20	51,60
14 000	432,—	324,—	216,—	162,—	108,—	54,—
15 000	451,20	338,40	225,60	169,20	112,80	56,40
16 000	470,40	352,80	235,20	176,40	117,60	58,80

Arbeitsgerichte (Verfahren vor dem Landes- u. Bundesarbeitsgericht)

Wert bis einschl. DM	16/10 DM	12/10 DM	8/10 DM	6/10 DM	4/10 DM	2/10 DM
17 000	489,60	367,20	244,80	183,60	122,40	61,20
18 000	508,80	381,60	254,40	190,80	127,20	63,60
19 000	528,—	396,—	264,—	198,—	132,—	66,—
20 000	547,20	410,40	273,60	205,20	136,80	68,40
25 000	604,80	453,60	302,40	226,80	151,20	75,60
30 000	662,40	496,80	331,20	248,40	165,60	82,80
35 000	720,—	540,—	360,—	270,—	180,—	90,—
40 000	777,60	583,20	388,80	291,60	194,40	97,20
45 000	835,20	626,40	417,60	313,20	208,80	104,40
50 000	892,80	669,60	446,40	334,80	223,20	111,60
55 000	950,40	712,80	475,20	356,40	237,60	118,80
60 000	1 008,—	756,—	504,—	378,—	252,—	126,—
65 000	1 065,60	799,20	532,80	399,60	266,40	133,20
70 000	1 123,20	842,40	561,60	421,20	280,80	140,40
75 000	1 180,80	885,60	590,40	442,80	295,20	147,60
80 000	1 238,40	928,80	619,20	464,40	309,60	154,80
85 000	1 296,—	972,—	648,—	486,—	324,—	162,—
90 000	1 353,60	1 015,20	676,80	507,60	338,40	169,20
95 000	1 411,20	1 058,40	705,60	529,20	352,80	176,40
100 000	1 468,80	1 101,60	734,40	550,80	367,20	183,60
115 000	1 612,80	1 209,60	806,40	604,80	403,20	201,60
130 000	1 756,80	1 317,60	878,40	658,80	439,20	219,60
145 000	1 900,80	1 425,60	950,40	712,80	475,20	237,60
160 000	2 044,80	1 533,60	1 022,40	766,80	511,20	255,60
175 000	2 188,80	1 641,60	1 094,40	820,80	547,20	273,60
190 000	2 332,80	1 749,60	1 166,40	874,80	583,20	291,60
205 000	2 476,80	1 857,60	1 238,40	928,80	619,20	309,60
220 000	2 620,80	1 965,60	1 310,40	982,80	655,20	327,60
235 000	2 764,80	2 073,60	1 382,40	1 036,80	691,20	345,60
250 000	2 908,80	2 181,60	1 454,40	1 090,80	727,20	363,60
265 000	3 052,80	2 289,60	1 526,40	1 144,80	763,20	381,60
280 000	3 196,80	2 397,60	1 598,40	1 198,80	799,20	399,60
295 000	3 340,80	2 505,60	1 670,40	1 252,80	835,20	417,60
310 000	3 484,80	2 613,60	1 742,40	1 306,80	871,20	435,60
325 000	3 628,80	2 721,60	1 814,40	1 360,80	907,20	453,60

Arbeitsgerichte (Verfahren vor dem Landes- u. Bundesarbeitsgericht)

Wert bis einschl. DM	16/10 DM	12/10 DM	8/10 DM	6/10 DM	4/10 DM	2/10 DM
340 000	3 772,80	2 829,60	1 886,40	1 414,80	943,20	471,60
355 000	3 916,80	2 937,60	1 958,40	1 468,80	979,20	489,60
370 000	4 060,80	3 045,60	2 030,40	1 522,80	1 015,20	507,60
385 000	4 204,80	3 153,60	2 102,40	1 576,80	1 051,20	525,60
400 000	4 348,80	3 261,60	2 174,40	1 630,80	1 087,20	543,60
430 000	4 636,80	3 477,60	2 318,40	1 738,80	1 159,20	579,60
460 000	4 924,80	3 693,60	2 462,40	1 846,80	1 231,20	615,60
490 000	5 212,80	3 909,60	2 606,40	1 954,80	1 303,20	651,60
520 000	5 500,80	4 125,60	2 750,40	2 062,80	1 375,20	687,60
550 000	5 788,80	4 341,60	2 894,40	2 170,80	1 447,20	723,60
580 000	6 076,80	4 557,60	3 038,40	2 278,80	1 519,20	759,60
610 000	6 364,80	4 773,60	3 182,40	2 386,80	1 591,20	795,60
640 000	6 652,80	4 989,60	3 326,40	2 494,80	1 663,20	831,60
670 000	6 940,80	5 205,60	3 470,40	2 602,80	1 735,20	867,60
700 000	7 228,80	5 421,60	3 614,40	2 710,80	1 807,20	903,60
730 000	7 516,80	5 637,60	3 758,40	2 818,80	1 879,20	939,60
760 000	7 804,80	5 853,60	3 902,40	2 926,80	1 951,20	975,60
790 000	8 092,80	6 069,60	4 046,40	3 034,80	2 023,20	1 011,60
820 000	8 380,80	6 285,60	4 190,40	3 142,80	2 095,20	1 047,60
850 000	8 668,80	6 501,60	4 334,40	3 250,80	2 167,20	1 083,60
880 000	8 956,80	6 717,60	4 478,40	3 358,80	2 239,20	1 119,60
910 000	9 244,80	6 933,60	4 622,40	3 466,80	2 311,20	1 155,60
940 000	9 532,80	7 149,60	4 766,40	3 574,80	2 383,20	1 191,60
970 000	9 820,80	7 365,60	4 910,40	3 682,80	2 455,20	1 227,60
1 000 000	10 108,80	7 581,60	5 054,40	3 790,80	2 527,20	1 263,60
die Erhöhung bei Werten über 1 Million						
für je 50 000	240	180	120	90	60	30

z. B. bei der 16/10-Gebühr:

Wert: 1 050 000,— DM = 10 108,80 DM + 240,— DM = 10 348,80 DM

Wert: 1 247 222,— DM = 10 108,80 DM + (5 × 240,— DM) = 11 308,80 DM

Gebühren der Arbeitsgerichte

Gerichtsvollziehergebühren

Nach § 13 des Gesetzes über Kosten der Gerichtsvollzieher in der Fassung vom 8. März 1984 (BGBl. I S. 361)

Gültig ab 1. April 1984

Wert bis einschl. DM	volle Gebühr DM	½ Gebühr DM	¼ Gebühr DM	⅛ Gebühr DM	¾ Gebühr DM	2½ Gebühr DM
300	10	5,—	2,50	1,30	7,50	25,—
600	15	7,50	3,80	1,90	11,30	37,50
1 000	20	10,—	5,—	2,50	15,—	50,—
2 000	30	15,—	7,50	3,80	22,50	75,—
3 000	40	20,—	10,—	5,—	30,—	100,—
4 000	50	25,—	12,50	6,30	37,50	125,—
5 000	60	30,—	15,—	7,50	45,—	150,—
6 000	70	35,—	17,50	8,80	52,50	175,—
7 000	80	40,—	20,—	10,—	60,—	200,—
8 000	90	45,—	22,50	11,30	67,50	225,—
9 000	100	50,—	25,—	12,50	75,—	250,—
10 000	110	55,—	27,50	13,80	82,50	275,—
12 000	120	60,—	30,—	15,—	90,—	300,—
14 000	130	65,—	32,50	16,30	97,50	325,—
16 000	140	70,—	35,—	17,50	105,—	350,—
18 000	150	75,—	37,50	18,80	112,50	375,—
20 000	160	80,—	40,—	20,—	120,—	400,—
22 000	170	85,—	42,50	21,30	127,50	425,—
24 000	180	90,—	45,—	22,50	135,—	450,—
26 000	190	95,—	47,50	23,80	142,50	475,—
28 000	200	100,—	50,—	25,—	150,—	500,—
30 000	210	105,—	52,50	26,30	157,50	525,—
32 000	220	110,—	55,—	27,50	165,—	550,—
34 000	230	115,—	57,50	28,80	172,50	575,—
36 000	240	120,—	60,—	30,—	180,—	600,—
38 000	250	125,—	62,50	31,30	187,50	625,—
40 000	260	130,—	65,—	32,50	195,—	650,—
42 000	270	135,—	67,50	33,80	202,50	675,—
44 000	280	140,—	70,—	35,—	210,—	700,—
46 000	290	145,—	72,50	36,30	217,50	725,—
48 000	300	150,—	75,—	37,50	225,—	750,—

Gerichtsvollziehergebühren

Wert bis einschl. DM	volle Gebühr DM	½ Gebühr DM	¼ Gebühr DM	⅛ Gebühr DM	¾ Gebühr DM	2½ Gebühr DM
50 000	310	155	77,50	38,80	232,50	775
52 000	320	160	80,—	40,—	240,—	800
54 000	330	165	82,50	41,30	247,50	825
56 000	340	170	85,—	42,50	255,—	850
58 000	350	175	87,50	43,80	262,50	875
60 000	360	180	90,—	45,—	270,—	900
62 000	370	185	92,50	46,30	277,50	925
64 000	380	190	95,—	47,50	285,—	950
66 000	390	195	97,50	48,80	292,50	975
68 000	400	200	100,—	50,—	300,—	1000
70 000	410	205	102,50	51,30	307,50	1025
72 000	420	210	105,—	52,50	315,—	1050
74 000	430	215	107,50	53,80	322,50	1075
76 000	440	220	110,—	55,—	330,—	1100
78 000	450	225	112,50	56,30	337,50	1125
80 000	460	230	115,—	57,50	345,—	1150
82 000	470	235	117,50	58,80	352,50	1175
84 000	480	240	120,—	60,—	360,—	1200
86 000	490	245	122,50	61,30	367,50	1225
88 000	500	250	125,—	62,50	375,—	1250
90 000	510	255	127,50	63,80	382,50	1275
92 000	520	260	130,—	65,—	390,—	1300
94 000	530	265	132,50	66,30	397,50	1325
96 000	540	270	135,—	67,50	405,—	1350
98 000	550	275	137,50	68,80	412,50	1375
100 000	560	280	140,—	70,—	420,—	1400
darüber: von dem auf volle 2 000 DM aufgerundeten Mehrbetrag für je 2 000 DM						
	10	5	2,50	1,25	7,50	25
oder	5 %	2,5 %	1,25 %	0,625 %	3,75 %	12,5 %
	+ 60	+ 30	+ 15	+ 7,50	+ 45	+ 150

Gerichts-
vollzieher-
gebühren

Gerichtsvollziehergebühren u. -auslagen

(Festgebühren und Gebührensätze)

1. Zustellung (§ 16)	
a) durch Post (Abs. 1)	2,— DM
b) persönlich (Abs. 2)	4,— DM
c) persönlich gem. § 840 ZPO (Abs. 3)	5,— DM
d) versuchte pers. Zustellung (Abs. 4)	3,— DM
e) Rücknahme vor Erledigung (Abs. 5)	1,— DM
f) Beglaubigung der zuzustellenden Schriftstücke (Abs. 7) – pro Seite	1,— DM
2. Vorpfändung (§ 16 a)	7,50 DM
3. Pfändung (§ 17)	
a) 1. Stunde	volle Gebühr*)
b) für jede weitere angefangene Std. – höchstens 15 DM	½ Gebühr*)
c) erfolglose Pfändung	½ Gebühr*)
4. Übernahme beweglicher Sachen (§ 18)	½ Gebühr*)
5. Entfernung aus dem Gewahrsam (§ 19)	
für jede Stunde	5,— DM
6. Zurücknahme oder Erledigung (§ 20 Abs. 1)	
a) bei Pfändungsauftrag	¼ Gebühr*)
b) bei Übernahmeauftrag – höchstens 70 DM	⅛ Gebühr*)
7. Zurücknahme oder Erledigung an Ort und Stelle (§ 20 Abs. 2)	
a) bei Pfändungsauftrag	½ Gebühr*)
b) bei Übernahmeauftrag – höchstens 140 DM	¼ Gebühr*)
8. Versteigerung, Verkauf, Verpachtung, Verwertung (§ 21)	2½ Gebühr
Wert = Erlös	
a) Zurücknahme oder Erledigung	5,— DM
b) Bestimmung eines neuen Termins	2,— DM
c) Verwertung (§ 825 ZPO) – höchstens 50 DM	volle Gebühr
d) f. jede angefangene weitere Std. – höchstens 15 DM	volle Gebühr

---

*) Wert = Forderung

Hinweis zur Gebührentabelle Rubrik ¾-Gebühr:
Eine ¾-Gebühr gibt es nach dem vorstehenden Gebührenkatalog nicht. In der Praxis wird jedoch bei Zahlung neben der Hebegebühr (¼) die Gebühr für Erledigung des Pfändungsauftrages an Ort und Stelle (s. Ziff. 7 – ½) fällig – diese Tabelle soll dem Praktiker das Zusammenrechnen der Hebegebühr und der Erledigungsgebühr ersparen.

9.	**Wegnahme u. Übergabe bewegl. Sachen** (§ 22)	15,— DM
	jede weitere angefangene Stunde	15,— DM
	versuchte Wegnahme	7,50 DM
10.	**Wegnahme von Personen** (§ 23)	
	Das Doppelte der Gebühren lt. Ziff. 9)	
11.	**Entsetzung von Besitz (z. B. Übergabe bewegl. Sachen, Beseitigung von Widerstand)** (§ 24) 1. Std.	30,— DM
	– für jede weitere angefangene Stunde	15,— DM
12.	**Rücknahme oder Erledigung von Wegnahme, Entsetzung (Räumung)**	
	– vor Eintreffen an Ort und Stelle	2,50 DM
	– nach Eintreffen an Ort und Stelle	5,— DM
	Anberaumung eines neuen Termins	2,— DM
13.	**Verhaftung, Vorführung** (§ 26)	30,— DM
	Nachverhaftung	6,— DM
	– Bei Rücknahme od. Erledigung Gebühren wie Ziff. 12)	
14.	**Hebegebühr** (§ 27)	¼ Gebühr
	Wert: Betrag der Zahlung	
15.	**Bewachung oder Verwahrung von Schiffen, Schiffsbauwerken u. Luftfahrzeugen** (§ 28)	30,— DM
	Rücknahme vor Erledigung nach Eintreffen an Ort und Stelle	15,— DM
16.	**Feststellung v. Mietern u. Pächtern** (§ 29)	
	pro Person	4,— DM
	für 5 Personen	20,— DM
	für jede weitere Person	2,— DM
	Mindestgebühr	6,— DM
	Bei erfolgloser Ermittlung	6,— DM
17.	**Tatsächliches Leistungsangebot** (§ 30)	15,— DM
	Beurkundung eines Leistungsangebotes	7,50 DM
18.	**Schätzung** (§ 33)	volle Gebühr
	– bei mehr als 2 Std. für jede weitere angefangene Stunde	15,— DM
19.	**Tätigkeit zur Nachtzeit und an Sonn- oder Feiertagen**	doppelte Gebühren
20.	**Auslagen** (§ 35)	
	a) Schreibauslagen § 36 Abs. 2 – pro Seite	1,— DM
	b) Wegegeld	
	– innerhalb der Gemeinde des Amtssitzes:	
	bis 5 km	1,50 DM
	bis 10 km	3,— DM
	bis 15 km	4,50 DM
	bis 20 km	6,— DM
	darüber	7,— DM
	– außerhalb der Gemeinde des Amtssitzes – 0,20 DM pro km des Hin- u. Rückweges.	

Darüber hinaus können alle tatsächlichen Auslagen, die durch die Tätigkeit des Gerichtsvollziehers entstanden sind, angesetzt werden (z. B. Porto, Telefon, Vordrucke, Bekanntmachungs-, Schlosser-, Speditions- und Lohnkosten für Hilfspersonen).

FSC
www.fsc.org
MIX
Papier | Fördert
gute Waldnutzung
FSC® C083411

Kolibri 360 GmbH
Ferdinand-Jühlke-Straße 7
99095 Erfurt, Deutschland
produktsicherheit@kolibri360.de